D1746671

Über den Autor

Otto Lothar Nickel wurde 1937 in Crimmitschau, Sachsen geboren. Die Oberschule blieb ihm in der DDR aus politischen Gründen versagt. Er entschied sich für eine landwirtschaftliche Lehre und besuchte anschließend drei Jahre lang die Landwirtschaftliche Fachschule mit dem Abschluss als Staatlich geprüfter Landwirt. Danach war er auf Volkseigenen Gütern und als Agronom auf einer Maschinen-Traktorenstation tätig. Nach seiner Flucht aus der DDR im Jahre 1958 arbeitete er weiterhin in der Landwirtschaft, besuchte die Höhere Landbauschule in Nürtingen (später FH mit Abschluss Agraringenieur). Ab 1963 war er angestellt bei der Basler Mission, lernte Englisch in London, war Gaststudent am College of Agriculture in Malaysia und bis Ende 1968 landwirtschaftlicher Entwicklungshelfer in Sabah, Malaysia. Nach seiner Heirat 1968 setzte er seine Tätigkeit in Malaysia fort. Ende 1970 wurde er von der damals muslimisch dominierten Landesregierung in Sabah ausgewiesen. 1971 erlernten seine Frau und er die indonesische Sprache und waren von 1971 bis 1975 Entwicklungshelfer in Indonesien. 1975 wechselte er in die deutsche Zuckerindustrie. Seit 1998 ist er Rentner. Das Ehepaar Nickel hat sieben Kinder. Seit dem Eintritt in den Ruhestand engagierten sich beide politisch mit Schwerpunkt Familienpolitik.

Über das Buch

Otto Lothar Nickel beleuchtet zunächst, dass seit vier Jahrzehnten in Deutschland weniger Kinder geboren werden als für den Bestand des Volkes erforderlich wären – mit enormen Folgen für die soziale Sicherung, besonders im Alter. Bei den Ursachen des fehlenden Nachwuchses hält er sich nicht bei der „individualistischen Lebensformen-Revolution" auf, sondern weist nach, dass das Sozial- und Steuersystem den Lebensentwurf kinderloser Paare und solcher mit einem Kind massiv subventioniert. Mehr ins Detail geht die Arbeit dort, wo es um die Entstehung unseres umlagefinanzierten Rentensystems geht. Die in Grundzügen entwickelten Reformvorschläge sind revolutionär, weil sie konsequent abrücken von dem vielstimmigen Ruf nach mehr Hilfen für Familien hin zu dem Postulat: Belasst den Eltern den Lohn für die lebenslange Leistung an ihren Kindern und verpflichtet die Kinderlosen dazu, für ihr Alter selbst vorzusorgen.

Zuletzt werden noch einige Anregungen gegeben, wie eine solch umwälzende Kurskorrektur politisch umgesetzt werden kann.

© 2016 Otto Lothar Nickel

1. Auflage

Umschlaggestaltung: Wolfgang M. Schmitt

Lektorat, Korrektorat: Wolfgang M. Schmitt, Johannes Strehle

Verlag: tredition GmbH, Hamburg

ISBN Paperback: 978-3-7345-3078-4
ISBN Hardcover: 978-3-7345-3079-1
ISBN e-Book: 978-3-7345-3080-1

Printed in Germany

Das Werk, einschließlich seiner Teile, ist urheberrechtlich geschützt. Jede Verwertung ist ohne Zustimmung des Verlages und des Autors unzulässig. Dies gilt insbesondere für die elektronische oder sonstige Vervielfältigung, Übersetzung, Verbreitung und öffentliche Zugänglichmachung.

Bibliografische Information der Deutschen Nationalbibliothek:

Die Deutsche Nationalbibliothek verzeichnet diese Publikation in der Deutschen Nationalbibliografie; detaillierte bibliografische Daten sind im Internet über http://dnb.d-nb.de abrufbar.

Otto Lothar Nickel

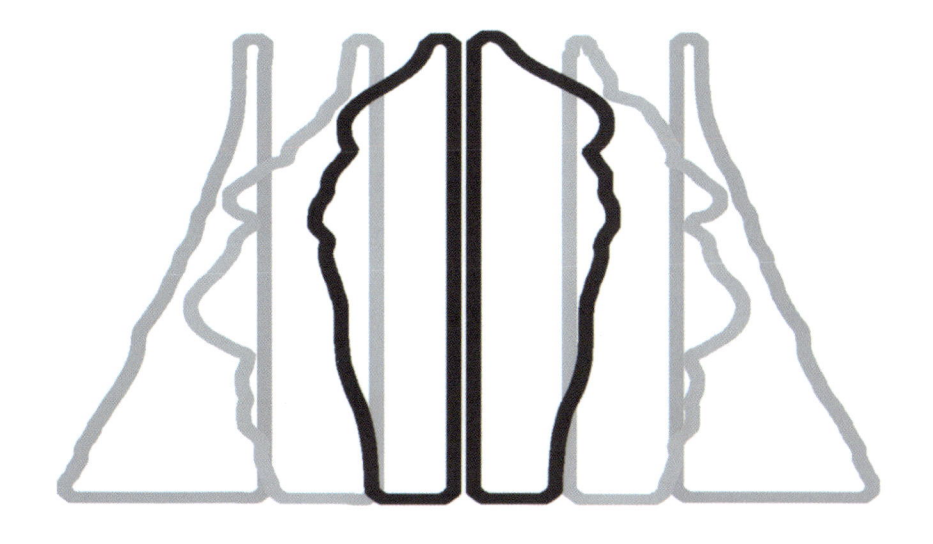

Endstation Altersarmut?

Der Demografiefalle entkommen

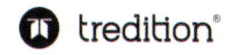

tredition®

Inhaltsverzeichnis

Einleitung	9
1. Die demografische Falle	11
Veränderungen in Deutschland seit den 1970er Jahren	12
Die unterlassenen „Investitionen" in unsere Zukunft	16
Die Vergreisung	18
Wir leben über unsere Verhältnisse	21
Die Pensionslawine	24
Geringere Leistung der Immigranten	32
Zu aufwändige Verwaltung	33
2. Familien und Kinder im Würgegriff unseres Steuer- und Sozialsystems	34
Wir werden gezwungen	34
Die Rentenreform von 1957 unter Bundeskanzler Adenauer	40
Unter dem Strich - Ausbeutung der Familien	70
Eine Analyse des deutschen Sozialsystems	74
Gegenwärtig gewährte Hilfen für Familien	82
Kindergeld	83
Elterngeld	84
Betreuungsgeld und Kinderkrippen	86
Die sogenannte „nachhaltige" Familienpolitik seit dem Jahr 2005	90
Die Steuern	93
Besteuerung der Familien:	95
Sind Kinder für die Gesellschaft ein wirtschaftlicher Gewinn oder Verlust?	98
Verschleierung der Fakten durch falsche Kennzahlen	101
Unverschleierte Kennzahlen	103
3. Was müssen wir ändern?	114
Umverteilung an die Falschen stoppen	114
Die Beantwortung der „Gretchenfrage"	114

Umbau der Altersversorgung	115
Kinderrente und Vorsorgepflicht	116
Familiengerechter Umbau der Sozialversicherung	122
Einige wichtige Ergänzungen und Alternativen	129
Demografiefestigkeit oder eine die Bevölkerung erhaltende Politik	132
Gleiches Altersversorgungssystem für alle	135
Altenversorgungssteuer von allen Einkommensarten	135
Komplette Selbstvorsorge der Kinderlosen für ihr Alter	137
Nutzung des Vorsorgekapitals für Nachwuchsförderung	139
Entlastung von kinderreichen Familien	141
Die Grenzen des Systems	141
Kinderreiche Eltern	142
Probleme durch Migration	143
Ab welchem Lebensalter ist Familiengründung sinnvoll?	144
Bei Ehescheidung	145
4. Der gerechte und volkserhaltende Sozialstaat	**146**
Wem gehören die Kinder?	146
Mehr staatl. Umverteilung: Erziehungsgehalt oder Familiengeld?	149
Weniger Staat und weniger Umverteilung durch Vorsorgepflicht	157
Wie kann der Übergang geschafft werden?	162
Was ist mit Sozialhilfeempfängern?	166
Flankierende Maßnahmen	168
Geht es auch schneller?	169
Die Auswirkungen	171
5. Zusammenfassung	**173**
6. Einwurf: Das bedingungslose Grundeinkommen	**175**
7. Wahlrecht ab Geburt	**177**
8. Politische Öffentlichkeitsarbeit	**179**
9. Wer kann helfen?	**183**
Organisationen im vor-parteilichen Raum	183
Die evangelische Kirche heute	184
Die katholische Kirche	189
Die Evangelische Allianz	193

Die Gewerkschaften	193
Der Verband Familienarbeit e. V.	194
Das Heidelberger Büro für Familienfragen und soziale Sicherheit	196
Der Deutsche Familienverband e. V. und Familienbund der Katholiken	196
Wie müssen wir vorgehen?	197
Unsere Parteien	199
10. Schlussbemerkung	203
Literaturverzeichnis	205
Danksagung	208

Einleitung

Selbsterkenntnis ist der erste Weg zur Besserung. So bereitwillig, wie wir einerseits dieser Weisheit im Allgemeinen zustimmen, genauso schwer fällt es uns andererseits, eigene Fehler zu erkennen und einzugestehen. Das gilt für den Einzelnen ebenso wie für ganze Völker. Nachfolgend soll aufgezeigt werden, dass wir in Deutschland ein ernstes Problem damit haben, dass der Kindersegen ausbleibt. Wir sitzen in der demografischen Falle. Wie wir da hineingeraten sind, ist sehr komplex. Wollte man die Gründe alle aufzählen, brauchte man viele Seiten und fast jeder von uns stünde an irgendeiner Stelle als Mitverursacher am Pranger. Sven Kuntze hat es ansatzweise versucht mit seinem Buch *„Die schamlose Generation"* mit dem Untertitel *„Wie wir die Zukunft unserer Kinder und Enkel ruinieren"*. Seine Vorschläge für einen Ausweg aus der Falle sind aber für die politisch Verantwortlichen noch wenig konkret.

Stefan Fuchs, der Geschäftsführer der Deutschen Gesellschaft für Demographie, hat es in seinem Buch *„Gesellschaft ohne Kinder"* mit einem wissenschaftlichen Ansatz versucht. Er stellt zahlreiche nationale und internationale Vergleiche an und bezeichnet unsere Lage mit dem Begriff: *„Der zweite demographische Wandel"*.[1] Was ist damit gemeint? Fuchs zitiert den Autor Lesthaeghe hierzu wie folgt: *„Den zweiten Geburtenrückgang seit den 1960er Jahren betrachtet diese Theorie nicht als eine bloße Fortsetzung des „ersten demographischen Übergangs", sondern als einen neuartigen Gesellschaftswandel. Lesthaeghe unterscheidet zwischen den „Regimen" des „FDT" („First demographic transition") und des „SDT" (Second demographic transition"). Im*

---

[1] Stefan Fuchs, Gesellschaft ohne Kinder, S. 206

Zentrum der Argumentation steht der Wandel der Familie und ihrer Stellung in der Gesellschaft: Das Regime des ersten demographischen Übergangs habe die Kernfamilie verheirateter Eltern als Norm etabliert, während der „zweite Demographische Übergang" das Monopol bzw. die privilegierte soziale Stellung dieser Lebensform beende. Im Regime des ersten demographischen Übergangs (d.h. Mitteleuropa zwischen 1880 und 1960) war es „die Norm des Erwachsenenlebens", verheiratet zu sein... Ehe und Familie waren nicht nur normativ, sondern auch empirisch eng verkoppelt: Die Anzahl der nichtehelichen Geburten ging nach 1900 europaweit zurück. Bereits in den 1960er Jahren setzte von Nordeuropa ausgehend ein Trendumkehr ein..."

All diese Trends beleuchtet Fuchs, auch die deutsche Familienpolitik, die seit Familien-Ministerin Renate Schmidt eine „Defamilialisierung" betreibt. Dieser Begriff steht für eine Politik, die sich nicht mehr der Stärkung der Institution Familie als selbstverantwortlicher Lebens- und Wirtschaftseinheit verpflichtet weiß, sondern dem einzelnen Kind, der/dem alleinerziehenden Mutter/Vater, dem bedürftigen Individuum.

Auf dem Einband seines Buches wird die Arbeit von Fuchs wie folgt zusammengefasst: *„Mit dem Paradigmenwechsel zu einer „nachhaltigen" Familienpolitik, die Beruf und Familie besser vereinbar macht, sollte die Geburtenrate in Deutschland auf 1,7 Kinder pro Frau steigen. Dieser Hoffnung lag die Annahme zugrunde, dass die mangelnde Vereinbarkeit am Kindermangel Schuld ist. Dieses in Politik, Medien und Wissenschaft weithin geglaubte Dogma zieht der Autor in Zweifel: Verantwortlich für das niedrige Geburtenniveau in Deutschland sind nicht institutionelle Weichenstellungen, sondern eine individualistische Lebens-*

formenrevolution, die sich politischer Steuerung widersetzt."[2]

Damit wird behauptet: Die Politik ist machtlos, denn die Lebensformen haben sich gewandelt! Dass der Wandel Fakt ist, soll hier nicht abgestritten werden. Die Impulse, sich für Kinder zu entscheiden, sind verkümmert. Dabei ist es Fuchs und anderen von ihm zitierten Autoren aber entgangen, dass die Lebensformen, die sich herausgebildet haben, ganz entscheidend beeinflusst, ja vielfach geradezu erzwungen werden von den politischen Rahmenbedingungen, in denen die Menschen leben. Der Wunsch nach Kindern und der Entschluss, diesen zu verwirklichen, entstehen eben nicht im Irgendwo, sondern werden überall - auch in unserem Land - beeinflusst von den gesellschaftlichen Rahmenbedingungen. In Deutschland wird der kinderlose Lebensentwurf von unserem Steuer- und Sozialversicherungs-system massiv subventioniert.

Nachfolgend werden zunächst die Folgen aufgezeigt, danach die Zusammenhänge analysiert und Grundgedanken für die Reparatur unseres Sozialstaates entwickelt.

1. Die demografische Falle

Auf der individuellen Ebene wird die Falle wie folgt erlebt: Man weiß es und es wird von allen Seiten immer wieder bewusstgemacht, dass Frauen nur ein gutes Erwerbseinkommen, mit dem sie hohe Rentenanwartschaften bzw. Pensionsansprüche „erwerben", vor Altersarmut schützt. Deshalb strebt die Frau von heute nach einer guten Berufsausbildung, auch wenn diese länger dauert. Kinder wollen die meisten Leute trotzdem, aber dieser

---

[2] Fuchs, ebd, Umschlag

Wunsch ist in unserem Sozialstaat für die persönliche Daseinsvorsorge nicht entscheidend. Deshalb wird die Familiengründung verschoben, in fast einem Drittel der Fälle für immer. Das hat gesamtgesellschaftlich zur Folge, dass die sogenannten „Anwartschaften" für die Altersvorsorge immer weniger wert werden. Es sind zunehmend ungedeckte Schecks. Deshalb hören wir von der zweiten Säule, die notwendig sei, das Ansparen von Kapital. Sparen kann aber der Durchschnittsverdiener nur, wenn er nicht auch noch für Kinder zu sorgen hat. Deshalb vermeidet er zunehmend dieses "Armutsrisiko Kinder".

Diese persönlichen Entscheidungen verschlimmern die Lage für alle. Die Folgen für die Allgemeinheit sind existenzbedrohend. Sie wurden aber nicht plötzlich spürbar, wohl aber von Jahr zu Jahr mehr.

Wie können wir einen Ausweg aus dieser Falle finden? Ein Fluchtweg soll hier aufgezeigt werden. Dazu gehört zunächst eine gründliche Analyse.

Veränderungen in Deutschland seit den 1970er Jahren

In beiden deutschen Staaten starben mehr Menschen als geboren wurden. Prof. Dr. Herwig Birg schreibt[3]: *„Stärker als in anderen Industrieländern werden fehlende Geburten durch Einwanderung ersetzt: Schon vor dem Zusammenbruch des Ostblocks und der anschließenden starken Zuwanderung nahm Deutschland ein Mehrfaches an Migranten auf als vergleichbare Länder:*
Auf 100.000 Einwohner bezogen betrug die jährliche Zahl der

---

[3] Birg, Die ausgefallene Generation, S. 33

Zuwanderung z.B. in den 80er Jahren des vorigen Jahrhunderts in den USA 245, in Kanada 479, in Australien 694 und in der alten Bundesrepublik 1022. In Deutschland werden pro Jahr im Mittel 700.000 Geburten und 800.000 Zuwanderer registriert – bei rund 800.000 Sterbefällen und 600.000 Abwanderungen ins Ausland. Deutschland hat also mehr Zuwanderungen pro Jahr als Geburten im Inland, und zwar schon seit Jahrzehnten. Desinformation und Desinteresse haben zu einem falschen Selbstbild Deutschlands geführt: Es ist weltoffener als andere Länder."

Unsere Bevölkerungszahl hat deshalb trotz der ca. 300.000 Geburten, die seit 40 Jahren zur Bestandserhaltung der Bevölkerung *jährlich* fehlen, noch nicht signifikant abgenommen. Wir können gegenwärtig in Europa etwas beobachten, das sich sehr ähnlich im nationalen Rahmen abspielt. Dort, wo die Wirtschaftszentren sind, wandern Menschen zu und ersetzen diejenigen, die altersbedingt aus dem Erwerbsleben ausscheiden. Im Wirtschaftsraum Rhein-Neckar herrscht zum Beispiel noch eine beachtliche Bautätigkeit. Gleiches gilt für die Räume Stuttgart, Frankfurt, München, Hamburg und Berlin. Dort steigen die Wohnungsmieten, während in anderen Gegenden die Häuser leer stehen und abgerissen werden. Der Abriss - man spricht ja heute lieber von „zurückbauen" - findet bereits statt, aber noch nicht überall.

In diesem Zusammenhang soll nur kurz angedeutet werden, dass es problematisch ist, wenn vorwiegend die Bundesländer und die Gemeinden die Kosten für Kinderkrippen, Kindergärten, Schulen und Universitäten aufbringen müssen. Sobald zum Beispiel der IT-Spezialist in der überschuldeten Stadt Bremen ausgebildet ist, zieht er nach München und vermehrt dort den Wohlstand. Diejenigen, die notgedrungen in die Ballungsräume zuwandern, verschlimmern die Lage dort, wo sie weggezogen sind.

Wenn wir gegenwärtig beobachten, dass junge Menschen in Spanien, Griechenland, Rumänien und Bulgarien ihre Koffer packen und nach Deutschland ziehen, dann vollzieht sich diese Wanderung auch zwischen den Nationen. Eine gesunde Entwicklung ist das nicht. Die Arbeitslosigkeit in den genannten Ländern hängt auch dort teilweise mit dem fehlenden Nachwuchs zusammen, weil dadurch der Inlandsbedarf schrumpft. Weniger Kinder heißt: Einerseits suchen viele Frauen Erwerbsarbeit, aber andererseits werden weniger Lehrer und Ausbilder gebraucht, auf Dauer auch weniger Erzieherinnen, nachdem für Kleinkinderkrippen und Ganztagskindergärten zunächst mehr benötigt werden.

Das Ganze kann man wie folgt vergleichen: Zwei alte Männer leiden an der gleichen tödlichen Krankheit. Einem von beiden wird aber noch Blut abgenommen, um dem andern zu helfen, und das nur deshalb, weil dieser dafür bezahlen kann.

Die deutsche Krankheit des mangelnden Inlandsbedarfs wird noch kaschiert durch Exportproduktion für die Welt. Das hat aber seinen Preis: Zeitweise real sinkende Nettolöhne, großer Leistungsdruck, weniger Geld und weniger Zeit für Kinder. Seit etwa 1970 investieren wir zu wenig in „Humankapital". Dieser Begriff ist hässlich, weil er das Kapital zum Maß des Menschen macht. Ich benutze ihn trotzdem, weil er hilft, die Konstruktionsfehler unseres Systems zu diagnostizieren.

Wir wissen inzwischen, dass der Ostblock einschließlich der DDR in den 1980er Jahren wirtschaftlich am Ende waren, nicht weil die Menschen dümmer oder fauler waren, sondern weil die öffentlich propagierte Ideologie des Marxismus-Leninismus ein Irrtum war und das sozialistische Wirtschaftssystem ineffektiv.

Aber auch unsere gängige Ideologie der hemmungslosen

Selbstverwirklichung ist eine kollektive Verantwortungslosigkeit. Diese wird allerdings leider von unserem Steuer- und Sozialversicherungssystem auch noch massiv unterstützt. Das System erweist sich als schleichendes Gift der Selbstzerstörung. Bevor wir die Konstruktionsfehler analysieren, seien zunächst noch einige Resultate genannt:

Seit über 30 Jahren fehlen in Deutschland jährlich ca. 300.000 Geburten, die notwendig wären, um die Sterbenden zu ersetzen. Der Trend verstärkt sich, weil Frauen, die nicht geboren wurden, auch keine Kinder gebären können. Weil der Wirtschaft zunehmend gut ausgebildete Arbeitskräfte fehlen, sollen die Frauen, auch die Mütter, die Lücke füllen. Kraft und Zeit, die wir für die Erwerbstätigkeit brauchen, stehen aber für das Aufziehen von Kindern nicht mehr zur Verfügung. Das ist die Falle, in der wir sitzen. Schon einmal, im II. Weltkrieg und als Deutschland danach in Trümmern lag, brauchten wir die Frauen, um die abwesenden und gefallenen Männer zu ersetzen. Im Gegensatz zu heute wuchsen aber damals wesentlich mehr Junge heran, die den Trümmerfrauen bald den Hammer aus der Hand nahmen.

Prof. Dr. Hans-Werner Sinn schreibt in seinem neuen Buch: *„...Beides zusammen macht uns mit nur 8,3 jährlich Neugeborenen pro 1000 Einwohner zum Schlusslicht unter allen entwickelten Ländern der Erde. Selbst Japan hat in Relation zur Bevölkerungsgröße mehr Neugeborene als wir."*[4] In einem Vortrag sagte er für das Jahr 2035 gegenüber 2014 voraus, dass es 7,3 Mill. mehr Rentner und 8.4 Mill. weniger Erwerbstätige geben wird.

Prof. Dr. Hermann Adrian: *„...bis zum Jahr 2035 wird sich der Altenquotient (Zahl der Menschen über 65 Jahre geteilt durch die*

---

[4] Sinn, Verspielt nicht eure Zukunft! (E-Book)

Zahl der Menschen im Erwerbsalter zwischen 21 und 65 Jahren) mehr als verdoppeln. Zu der Zunahme des Altenquotienten trägt auch die zunehmende Lebenserwartung der Menschen mit 30 % bei. Allerdings sind die geringen Geburtenzahlen aufgrund der verbreiteten Kinderlosigkeit und des Anteils von 1-Kind-Eltern für 70 % des Altenquotienten verantwortlich und damit der dominierende Faktor."[5]

Die höhere Lebenserwartung kann man noch etwas ausgleichen, indem das Renteneintrittsalter angehoben wird. Aber ein Mensch, der nicht existiert, kann nicht dazu verpflichtet werden, länger zu arbeiten.

Die unterlassenen „Investitionen" in unsere Zukunft

Adrian hat berechnet, dass in Deutschland im Durchschnitt ca. 440.000 € für einen jungen Menschen aufgewendet werden, bis er ins Erwerbsleben eintritt. Wenn wir uns nun seit 1973 jährlich die Aufwendungen für ca. 300.000 Kinder erspart, besser gesagt auszugeben verweigert haben, dann sind 5,28 Billionen € nicht investiert worden. Trotzdem haben wir die Staatsverschuldung auf über 2,2 Billionen € anwachsen lassen (Stand 2014). Das sind pro Kopf über 26.000 € und bezogen auf einen Erwerbstätigen ca. 53.000 €.

Die Bevölkerung hat allerdings kaum abgenommen. Wo ist also hier ein Problem? Haben nun doch diejenigen Recht, die wie unsere Bundeskanzlerin sagen: „Wir öffnen unser Land für Einwanderer."? So meint man, können wir uns das Aufziehen von Kindern teilweise ersparen.

Warum musste aber schon Bundeskanzler Schröder unser Volk

---

[5] Adrian, Werden unsere Kinder und Enkel 2030 in Wohlstand leben? S. 5

auffordern, die Ärmel hochzukrempeln und mehr zu arbeiten? Durch die Harz IV-Reformen und alle Begleitmaßnahmen wurden die Sozialhilfe reduziert, die Arbeitslosenhilfe gestrafft und die Reallöhne gesenkt. Überall fehlt inzwischen das Geld, um Straßen, Schulen und andere öffentliche Gebäude instand zu halten.

Warum ging es bis in die 1995er Jahre trotzdem immer noch (scheinbar) aufwärts? Weil sich eine Volkswirtschaft wie ein Schwungrad verhält. Sie läuft noch eine Weile weiter, auch wenn die Antriebskräfte nachlassen. In gleicher Weise muss man, hat sich das Tempo erst einmal verlangsamt, lange Zeit Energie zuführen, bis wieder die gewünschte Geschwindigkeit erreicht ist.

Als man ab 1970 deutlich weniger Kinder aufzog, führte das zunächst noch zur Steigerung des Lebensstandards, weil man weniger Aufwand für den Nachwuchs hatte. Ab 1995 machten sich dann die fehlenden Investitionen in Humanvermögen bemerkbar. An das ständige Aufwärts hatte man sich aber gewöhnt und nun reichte es an allen Ecken nicht mehr. Adrian schreibt: [6]

„Die 68-er Generation hinterlässt ein zerrüttetes Land!

1. Trotz eines großen Wirtschaftswachstums zusätzliche Staats-Schulden in Höhe von 50 % BIP aufgehäuft und nie etwas zurückgezahlt, weil man zu faul war, für den gewünschten Wohlstand lange genug zu arbeiten.

2. Eine Umstellung der Sozialsysteme auf Kapitaldeckung nicht in Angriff genommen, obwohl von 1970 bis 1995 der Altenquotient sehr niedrig war und in diesem Zeitraum genügend Spielraum hierfür vorhanden gewesen wäre.

3. Riesige verdeckte Schulden in den Sozialkassen angehäuft,

---

[6] Adrian, ebd., S. 42

obwohl sie im Wesentlichen nur ihre eigenen Eltern unterstützen mussten. Der Anteil kinderloser Rentner betrug im Zeitraum 1970 bis 1995 nur wenige Prozent.

4. Fast alles Staatseigentum verkauft, so dass nachfolgende Generationen kaum noch Manövriermasse im Notfall haben.

5. Und am allerwichtigsten, sie haben nicht genügend Kinder aufgezogen und das so gesparte Geld einfach verkonsumiert und nicht angespart.

Will man es pointiert ausdrücken, so muss man feststellen, die vorausgehende Generation, die in den Jahren 1910 bis 1940 geboren worden ist, die das kriegszerstörte Land wieder aufgebaut hat und in den Jahren 1940 bis 1970 viele Kinder aufgezogen hat, war tatsächlich extrem fleißig sowohl in Bezug auf Erwerbsarbeit als auch in Bezug auf Erziehungsarbeit."

Sven Kuntze nennt sein Buch, verlegt bei C. Bertelsmann 2014, deshalb *„Die schamlose Generation".*

Aber was soll die Beschimpfung eines Kollektivs, einer ganzen Generation bewirken? Viel sinnvoller ist es, die Ursachen zu untersuchen, den ganzen Sachverhalt zu erkennen und verständlich zu publizieren. Noch immer wird vieles verschleiert und Nebensächlichkeiten trüben den Blick für das Wesentliche.

Wie konnte es so weit kommen? Dafür gibt es mehrere Ursachen. Diese sollen analysiert und jeweils anschließend die verschiedenen Möglichkeiten zur unumgänglichen Korrektur erörtert werden.

Die Vergreisung

Sie wird verursacht zu ca. 70 % durch Mangel an Nachwuchs und zu etwa 30 % durch die gestiegene Lebenserwartung. Dazu schreibt Birg[7]: *"Die niedrige Geburtenrate in der Vergangenheit ist der entscheidende Grund für die starke demographische Alterung bis 2050, nicht die Zunahme der Lebenserwartung. Selbst wenn die Lebenserwartung der deutschen Bevölkerung auf dem Niveau von 1998 konstant bliebe, würde sich der Altenquotient bis 2050 verdoppeln."* (Birg errechnet den Altenquotient hier etwas anders als Adrian. Für die mittlere Altersgruppe rechnet er die 20 bis 60-jährigen zusammen. Anmerkung des Autors) *"Steigt die Lebenserwartung um sechs Jahre, erhöht sich der Altenquotient der Gesamtbevölkerung (einschließlich Zugewanderter) von 1998 bis 2050 von 38,6 % auf 91,4 %, also auf das 2,4fache. Die Einwanderung Jüngerer kann die demographische Alterung nicht aufhalten, sondern nur mildern. Bei einem niedrigen Wanderungssaldo von nahe Null steigt der Altenquotient von 36,8 % auf rund 98 %, bei einem hohen Wanderungssaldo von beispielsweise jährlich 300 Tsd. auf einen Wert von 80 %...*

Im Gegensatz zur Bevölkerungsschrumpfung, die sich durch Einwanderung aufschieben lässt, ist die demographische Alterung mindestens bis zur Jahrhundertmitte irreversibel."

Die Verjüngung durch Migranten ist einfach deshalb begrenzt, weil diese im Durchschnitt nur 10 Jahre jünger sind als die Einheimischen. Bald sind auch sie im Rentenalter und müssen mit versorgt werden.

In seinem neuen Buch[8] „Die alternde Republik und das Versagen der Politik bringt Birg eine Grafik mit folgenden Berechnungen:

Soll die Bevölkerungszahl bis 2050 konstant gehalten werden, brauchen wir 17,2 Mill. Einwanderer; soll die Anzahl der 15- bis

---

[7] Birg, Die ausgefallene Generation, S. 101 ff.
[8] Birg, Die alternde Republik und das Versagen der Politik, S. 180

64jährigen gleich bleiben, dann brauchen wir 24,3 Mill. Einwanderer.

Wollten wir aber das Verhältnis der Altersgruppe der über 65jährigen zur Gruppe der 15- bis 65jährigen konstant halten, dann brauchten wir bis 2050 eine Nettozuwanderung von 181.5 Millionen.

Diese Zahlen verdeutlichen, dass wir nur noch die Wahl haben zwischen drei Möglichkeiten:

1. Schrumpfung verbunden mit extremer Vergreisung.
2. Verminderte Vergreisung mit Multikulturisierung oder
3. alle, die im Lande wohnen, zeugen besser heute als morgen mehr Kinder. Dann gibt es wenigstens Hoffnung für unsere Enkel.

Die Antragsteller auf Asyl des Jahres 2014 waren allerdings durchschnittlich ca. 18 Jahre jünger als die Einwohner Deutschlands im Jahre 2013.[9] Aber im Jahre 2015 stellten bis Ende Juli 218.221 Personen einen Antrag auf Asyl, die meisten davon Männer und nur 22,56 % Frauen.[10] Dieser geringe Anteil an Frauen lässt für die Steigerung der Geburtenrate wenig Hoffnung.

---

[9] Siehe Magazin „Der Spiegel" 26/2015, S. 25
[10] Siehe Magazin „Der Spiegel" 40/2015, S.32

Wir leben über unsere Verhältnisse

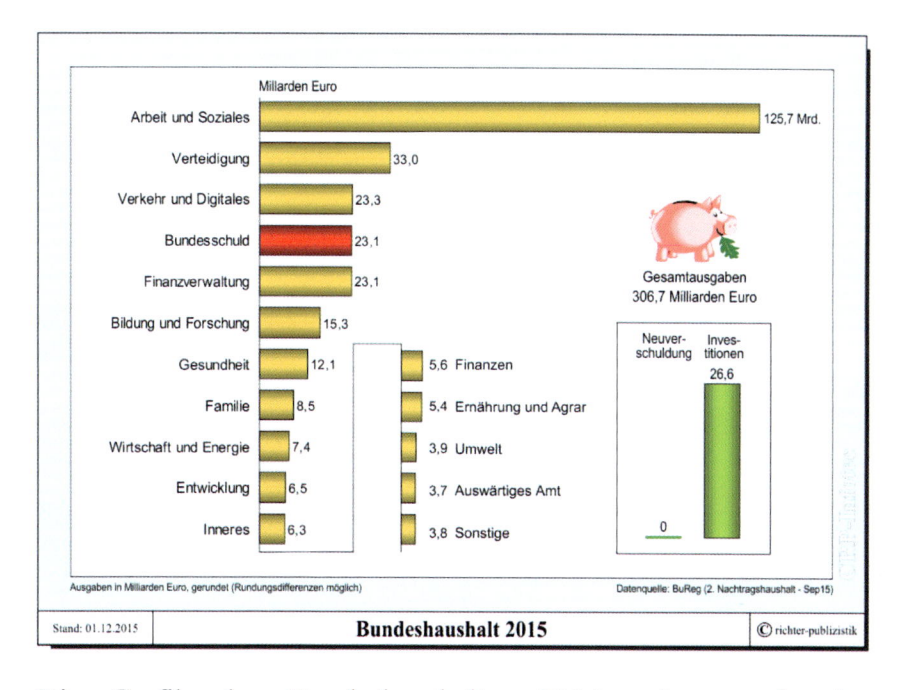

Bundeshaushalt 2015

Ressort	Milliarden Euro
Arbeit und Soziales	125,7
Verteidigung	33,0
Verkehr und Digitales	23,3
Bundesschuld	23,1
Finanzverwaltung	23,1
Bildung und Forschung	15,3
Gesundheit	12,1
Familie	8,5
Wirtschaft und Energie	7,4
Entwicklung	6,5
Inneres	6,3
Finanzen	5,6
Ernährung und Agrar	5,4
Umwelt	3,9
Auswärtiges Amt	3,7
Sonstige	3,8

Gesamtausgaben 306,7 Milliarden Euro
Neuverschuldung: 0 — Investitionen: 26,6

Ausgaben in Milliarden Euro, gerundet (Rundungsdifferenzen möglich)
Datenquelle: BuReg (2. Nachtragshaushalt - Sep 15)
Stand: 01.12.2015 © richter-publizistik

Die Grafik des Bundeshaushaltes 2014 zeigte noch eine Neuverschuldung. 2015 sehen wir die lang ersehnte schwarze Null. Arbeit und Soziales sind mit Abstand der größte Brocken bei den Ausgaben und dieser hat sich gegenüber 2014 um 3,7 Mrd. vergrößert. Allerdings ist ein großer Sozialhaushalt an sich noch kein Übel. Früher fand die Umverteilung innerhalb der Familien statt. „Vater Staat" hat inzwischen sehr viele Aufgaben an sich gerissen. Die Frage ist heute, ob es bei seiner Umverteilung gerecht zugeht. Seit Jahren fließen jährlich über 80 Mrd. € Zuschuss zu den Renten. Das ist gerade die Systemvermischung, die der Schöpfer unserer Rentenversicherung, Prof. Dr. Wilfrid Schreiber, vermeiden wollte. Diese Riesensumme ist der Beweis, dass unser Rentensystem marode ist. Die 80 Mrd. fehlen den

Familien. Am 22.08.2015 meldete dts, dass die Überweisungen des Bundes 2015 auf 84,3 Mrd. € steigen werden. Im Jahr 2019 wird dann ein Zuschussbedarf von 97,8 Mrd. € erwartet.

Renten und vor allem die hohen Pensionen hätten schon lange gekürzt werden müssen. Aber bevor die Parteistrategen dem zustimmen, nimmt man neue Kredite auf und verschiebt die Rückzahlung auf später. So halten die etablierten Parteien die Rentner bei guter Laune, damit sie wieder gewählt werden. Man sieht auch, dass der Schuldendienst 23,1 Mrd. € verschluckt. Dadurch werden die Reichen reicher, denn ihnen fließen die meisten Zinsen zu. Gegenwärtig sind die Zinsen sehr niedrig. Bei einer Verdreifachung des Zinssatzes würde dieser Posten schon 22.6% des Budgets ausmachen, dann sind wir bankrott. (siehe Griechenland, Portugal, Irland, etc.) Dazu kommen die Schulden von Ländern und Gemeinden. Von einer Rückzahlung dieser Schulden traut man sich bis heute allenfalls in der Zukunft zu sprechen.

Schulden des öffentlichen Gesamthaushalts von 1950 bis 2012 in 5-Jahresschritten[11]

Jahr	Millionen Euro
1950	9.574
1955	21.357
1960	28.998
1965	44.697
1970	64.210
1975	130.008
1980	238.897
1985	388.436
1990	538.334
1995	1.018.767
2000	1.210.918
2005	1.489.853
2010	2.011.677
2011	2.025.000
2012	2.068.289

Diese Schulden sind aber nur ein Teil dessen, was auf die Steuerzahler von morgen an Belastungen zukommt. Es gibt noch ein nicht zu unterschätzendes Problem:

---

[11] Datenquelle: Statistisches Bundesamt

Die Pensionslawine

In den 1960er und 1970 Jahren füllten relativ starke Jahrgänge die Schulen. Sie brauchten Lehrer und eine zeitgemäße Ausbildung. In der BRD wurden viele neue Universitäten gegründet und diverse Ausbildungsstätten zu Fachhochschulen ausgebaut. Lehrer, Dozenten und Professoren wurden wie üblich verbeamtet. Sie sind heute zum überwiegenden Teil pensioniert. Auch die Angehörigen der Bundeswehr kamen nach und nach ins Pensionsalter und mussten versorgt werden. Nach Angaben des Deutschen Beamtenbundes gab es 2010 am 30. Juni 1.872.778 Beamte und Soldaten. Der Bund der Steuerzahler zählt auf, dass im Jahre 2009 die 16 Bundesländer 2,17 Mill. Personen beschäftigten, davon 1,38 Mill. Beamte. Das entspricht 63.6 % der von den Ländern Beschäftigten. Nach Statista[12] arbeiten in Gemeinden und Landkreisen mehr als 185.000 Beamte. 180.000 Beamte sind Bundesbeamte. Dabei besteht ein beachtlicher Unterschied zwischen den alten Bundesländern und den neuen der ehemaligen DDR, in denen erst nach der Wende wieder verbeamtet wurde, das aber in geringerem Umfang. Die „Beamtenintensität", das heißt die Anzahl von Beamten bezogen auf 1000 Einwohner ist in Hamburg am höchsten, in Sachsen am niedrigsten. Nachfolgende Tabelle veröffentlichte der Bund der Steuerzahler im Jahre 2011.[13]

---

[12] Online-Plattform: de.statista.com

[13] Die Verfasser sind Tobias Benz, Christian Hagist und Bernd Raffelhüschen.

Beamtenintensität der 16 Bundesländer

Bundesland	Beamtenintensität
Sachsen	7,2
Mecklenburg-Vorpommern	8,4
Sachsen-Anhalt	9,7
Brandenburg	13,2
Thüringen	13,4
Nordrhein-Westfalen	14,1
Saarland	15,0
Schleswig-Holstein	15,4
Niedersachsen	15,8
Hessen	15,8
Bayern	16,2
Baden-Württemberg	16,5
Rheinland-Pfalz	17,2
Berlin	21,6
Bremen	22,5
Hamburg	23,2

Während es bei den Rentnern immerhin die Rentenformel gibt, die die Höhe der Renten der wechselnden Zahlungsfähigkeit anpassen soll, wurden die Pensionen fixiert und durch den Höchstversorgungssatz nach 40 Dienstjahren gesetzlich festgeschrieben.

Wollen wir die Pensionen mit den Renten vergleichen, dann müssen wir bedenken, dass 78 % der Beamten im höheren oder gehobenen Dienst stehen, das heißt eine bessere Ausbildung haben als der durchschnittliche Rentenbezieher. Um aber die Größenordnung des Unterschiedes einschätzen zu können, werfen wir zunächst einen Blick auf die Renten: Im Juli 2013 betrug die „Eckrente" West 1137 € und im Osten 1040 €. Der „Eckrentner" erhält nur 48 % seines letzten Bruttolohnes. Man kann etwas vereinfacht sagen: Die Rentenformel mit Nachhaltigkeitsfaktor drückt die Renten in Richtung Grundsicherung, während die Pensionen fest stehen wie Säulen aus Beton. Fragt sich nur, ob das Fundament nicht brüchig ist. Wohl hat man im Versorgungsänderungsgesetz des Jahres 2001 eine kleine Änderung vorgenommen und die Höhe der Pensionen auf 71,75 % statt vorher 75 % der letzten Besoldung festgesetzt, aber bei Pensionen gilt als Berechnungsbasis das in den letzten drei Jahren bezogene Gehalt, nicht wie beim Rentner das Auf und Ab seiner Löhne während seines gesamten Erwerbslebens.

Zunächst aber noch eine Tabelle, die uns hilft, die Rentner mit den Beamtenpensionären zu vergleichen.[14]

Besoldungsgruppe	Monatliche Pension
A2	1437,15
A6	1700,13
A10	2392,59
A16	4385,68
B1	3941,60
B5	5436,29
B10	7902,88
B11	8208,31
Eckrente (West)	1224 €
Eckrente (Ost)	1086 €

Wer zu diesem Thema Information sucht, wird oft auf den Namen Prof. Dr. Bernd Raffelhüschen stoßen. Neben vielen anderen hat er immer wieder darauf hingewiesen, dass diese festgeschriebenen Pensionszusagen zu den ausgewiesenen Staatsschulden hinzugerechnet werden müssten. Nur um zu zeigen, um welche Größenordnungen es da geht: 1993 mussten alle Bundesländer für Ruhegelder und Hinterbliebene 10.9 Mrd. ausgeben, 2009 waren es schon 20.7 Mrd. mit steigender Tendenz.

Weil man das kommen sah, wurden sowohl vom Bund als auch von den Ländern „Versorgungsrücklagen" gebildet. Diese wurden zum Teil gespeist durch die Einsparungen, erzielt infolge der ab 2001 reduzierten Berechnungsgrundlage, aber auch durch

---

[14] Quelle: Bund der Steuerzahler Stand 2009

freiwillige Rücklagen der Länder. Bei den freiwilligen Rücklagen war Rheinland-Pfalz führend. Dabei handelt es sich allerdings um Luftnummern. Die sogenannten Rücklagen, ob nun durch Einsparungen oder freiwillige Zahlungen aufgebracht, wurden nämlich unter dem Strich alle gespeist mit Krediten des Bundeshaushaltes und der Länderhaushalte. Als ich darauf aufmerksam wurde, schrieb ich am 27.08.2010 folgenden Leserbrief an unsere Lokalzeitung „Die Rheinpfalz":

Leserbrief zum Bericht der Rheinpfalz am Mittwoch, 25.08.2010 über „*Rheinland-pfälzische Behörden müssen abspecken. Beschluss zum Haushaltsentwurf des Landes.*

„Einen der genannten Posten sollte man etwas ausleuchten: Der Satz lautet: „Die Personalkosten werden den Planungen zufolge um knapp 100 Millionen Euro (plus 1,9 Prozent) klettern, die Einzahlungen in den Pensionsfonds um 70 Millionen."

Wäre Rheinland-Pfalz eine Firma, dann trifft folgender Vergleich zu: Die leitenden Angestellten wissen schon seit Jahren, dass der Bankrott kommt, nur noch nicht genau wann.

Weil sie seither die Zinsen der Firmenkredite immer noch zahlen konnten, bekommen sie immer noch neuen Kredit. So beschließen sie, diese Zeit zu nutzen, um so viel wie möglich beiseite zu schaffen und so abzusichern, dass sie dann zu ihrer Altersversorgung etwas zuschießen können, wenn die Firma zahlungsunfähig ist und alle anderen nur noch davon leben müssen, was an Konkursmasse übrig bleibt.

Rheinland-Pfalz zahlt in den Pensionsfonds Geld ein, das den Kreditgebern, aber nicht dem Land gehört!"

Diesen Leserbrief muss unser damaliger Ministerpräsident Kurt Beck zu Gesicht bekommen haben. Er schrieb mir am 25. 09. 2010 folgenden Brief:

„Sehr geehrter Herr Nickel,

ich habe von ihrem Leserbrief in der Rheinpfalz vom 4. September 2010 Kenntnis erlangt und möchte diesen so nicht unkommentiert stehen lassen.

Richtig ist, dass die Personalkosten mit knapp 38 Prozent im Jahr 2010 an den Gesamtausgaben einen nicht unerheblichen Anteil ausmachen. Personalkostenanteile in dieser Höhe sind allerdings typisch für alle Landeshaushalte. Dies ist insoweit nicht verwunderlich, als das Land Rheinland-Pfalz u. a. mehr als 35.000 Lehrerinnen und Lehrer, über 7.000 Polizistinnen und Polizisten sowie über 11.000 Personen besoldet oder beschäftigt, die an den Hochschulen des Landes lehren und forschen. Viele andere Bereiche (z. B. die Justiz- und Forstverwaltung) kommen hinzu. Darüber hinaus gewährt das Land den Kommunen Personalkostenzuschüsse für Erzieherinnen und Erzieher.

Aufgrund der Einstellungspraxis in den 60er Jahren sah und sieht sich das Land zunehmend mit steigenden Personalausgaben konfrontiert. Um dem begegnen zu können, hat Rheinland-Pfalz als erstes Land bereits vor 14 Jahren geeignete Maßnahmen ergriffen und den von ihnen erwähnten Pensionsfonds eingerichtet. Für jeden nach dem 30. September 1996 neu eingestellten Beamten und Richter werden dem landeseigenen Pensionsfonds versicherungsmathematisch berechnete Vorsorgebeträge zugeführt. Diese Zahlungen und die im Pensionsfonds erwirtschaftete Verzinsung dienen später der Vollfinanzierung der Pensionen der betroffenen Beamten.

Die Nettozuflüsse an den Pensionsfonds betrugen im Jahr 2009 392 Millionen Euro und im Jahr 2010 426 Millionen Euro. In diesem Jahr sind rund ein Drittel der Landesbeamten und darüber hinaus viele beamtete Mitarbeiterinnen und Mitarbeiter der

Landesbetriebe von dem landeseigenen Pensionsfonds erfasst. Der Vermögensstand des Fonds beläuft sich auf 2,3 Milliarden Euro; bis 2013 wird er voraussichtlich auf 4 Milliarden anwachsen. Damit war Rheinland-Pfalz lange deutschlandweit Vorreiter. Erst jetzt zieht der Bund nach.

Ich halte deshalb den Pensionsfonds für das geeignete Instrument, um zukunftssicher die Personalausgabenquote zu begrenzen. Insofern kann ich Ihre Kritik nicht ganz nachvollziehen.

Ich hoffe aber, dass ich etwas Aufklärungsarbeit leisten konnte.

Mit freundlichen Grüßen

gez. Kurt Beck"

Wer muss hier wem Nachhilfeunterricht erteilen? Das Statistische Landesamt von Rheinland-Pfalz gab die Schulden des Landes ohne Kommunen 2012 mit 33,5 Mrd. an. Angenommen, die 4 Mrd. sind, wie Herr Beck damals hoffte, im Pensionsfonds angesammelt, dann betrugen die bilanzierten Schulden des Landes eben 29,5 Mrd. Wirkliche Rücklagen gibt es nicht; nur die vage Hoffnung, dass im Fall der eintretenden Staatspleite ein Beamter dafür sorgt, dass der Pensionsfonds nicht zur Konkursmasse gerechnet wird.

Interessant war eine Talk-Show des TV-Senders Phoenix am 3. 04. 2014, an der der stellvertretende Vorsitzende des Deutschen Beamtenbundes Hans-Ulrich Benra teilnahm. Es ging um Renten und Pensionen. Herr Benra argumentierte äußerst geschickt, ließ aber trotzdem die Befürchtung durchscheinen, dass die ca. 30 Mrd. €, die in die diversen Sicherungsfonds eingezahlt wurden, nicht ganz sicher sein könnten, und gebrauchte die Vokabel „Verstetigung" für die Absicht, das Geld vor jeglichem Zugriff zu schützen.

Julia Klöckner, CDU-Vorsitzende in Rheinland-Pfalz, sagte im

Landtag (Bericht der Rheinpfalz vom 12. 12. 2013): *"Der Pensionsfonds des Landes, aus dem in Zukunft die Beamtengehälter gezahlt werden sollen, ist sinnlos, weil er statt mit Geld mit Krediten gespeist wird, 'virtuelles Vermögen aus der Werkstatt der Illusionskünstler'"*.

Was Frau Klöckner da offenlegte, wäre wirklich scharfe parteipolitische Munition, wenn Bundesfinanzminister Wolfgang Schäuble (CDU) für die Bundesbeamten nach dem Vorbild von Kurt Beck (SPD) nicht inzwischen ebenfalls einen Fonds mit virtuellem Geld geschaffen hätte. Herr Beck schreibt auch, dass das Geld im Fonds eine Verzinsung erwirtschaftet, unterschlägt aber, dass er für die Landesschulden mindestens die gleichen Zinsen zu zahlen hat. Rheinland-Pfalz legt das Fondsvermögen in Schuldverschreibungen des Landes an, die Bayern dürfen 20 %, die Hessen 30 % und die Baden-Württemberger bis 50 % in Aktien anlegen; sie können das geliehene Geld also auch noch verspekulieren.

Hier ist also eine Täuschung im Gange und man will nicht zugeben, dass eine solche üppige Altersversorgung für die höheren Laufbahnen aufgrund der veränderten Verhältnisse nicht mehr fair ist. Es ist doch eine ideologische Fixierung aus einer überkommenen Standesgesellschaft, wenn man davon ausgeht, dass ein Pensionär seinen aus dem aktiven Berufsleben gewohnten Lebensstandard auch im Ruhestand ohne Abstriche fortsetzen können soll.

Ist es nicht typisch deutsch, dass man immer wieder versucht, Gesetze zu schaffen, die für die Ewigkeit Geltung behalten sollen? Die Anpassung an veränderte Verhältnisse geht deshalb viel zu langsam.

Im Februar 2014 diskutierten die Bundestagsabgeordneten wieder darüber, wie sie erstens ihre Diäten erhöhen und zweitens ihre Pensionen geräuschlos anwachsen lassen könnten. Als Grundlage sollten die Gehälter von Bundesrichtern dienen. Das zeugt schon einmal von einer Selbsteinschätzung, die frei von Minderwertigkeitskomplexen ist. Die große Koalition ist dafür bestens geeignet, gibt es doch weniger Gegenstimmen. Dann wollte man die bei jeder Erhöhung aufkommende ätzende Diskussion über Selbstbedienung ein für alle Mal abschaffen, indem man die Diäten mit dem gleichen Prozentsatz wachsen lässt wie die Gehälter der Beamten. Inzwischen hat das Gesetz den Bundestag passiert.

Unsere Abgeordneten sollen ordentlich verdienen, aber wenn es mit Deutschland bergab geht, dann müsste sich das eigentlich zuerst in ihrem Einkommen niederschlagen.

Geringere Leistung der Immigranten

Der Durchschnitt der Immigranten bringt nicht die Leistung, die der Durchschnitt der hier aufgewachsenen Kinder gebracht hätte.

Dafür gibt es viele Gründe, von denen Dr. Thilo Sarrazin in seinem Buch *„Deutschland schafft sich ab"* DVA 2010, einige genannt hat. Aber nichts ist auf diesem Gebiet so taktlos wie Verallgemeinerung. Wir dürfen nicht vergessen, dass viele der Einwanderer als exzellente Fachleute hart arbeiten und in unser Sozialsystem einzahlen. Meistens sind es Menschen, die diskriminiert wurden wie die Russlanddeutschen oder diejenigen, die zuhause religiöser oder politischer Verfolgung ausgesetzt waren. Birg schreibt: *„Die meisten Menschen sind einfach schon zu klug, um noch die Bedeutung der simplen Wahrheit erfassen zu können: Für Menschen gibt es keinen Ersatz. Auch die Einwanderer Deutschlands müssen zuerst irgendwo geboren* worden sein, bevor sie zuwandern und hier Probleme lösen können. Dass unser Land glaubt, seine Zukunft darauf bauen zu können, dass es die von anderen Ländern mit Kosten und Mühen gewonnenen Früchte erntet – darüber gibt es hierzulande nicht den geringsten Ansatz einer öffentlichen Reflexion. Wir sehen uns im Wettbewerb um „die Besten" der anderen Länder und verstehen nicht, dass wir mit unseren Ansprüchen eine neue Art des Kolonialismus betreiben."*[15]*

Zu aufwändige Verwaltung

Bei Prof. Dr. Adrian lesen wir: *„An sich selbst spart der Staat jedoch überhaupt nicht. Die Zahl der Bundestagsabgeordneten könnte von 600 auf 300 reduziert werden, statt 16 Länder würden 6 oder 8 ausreichen, die exorbitante Altersversorgung wäre zurückzuführen, Bürokratie und Verwaltung könnte verschlankt werden, und vieles mehr. Die Gesamtkosten der politischen Führung unseres Landes sind etwa so teuer wie die der USA, obwohl diese eine 3,5fach größere Bevölkerung und ein 5-mal größeres Bruttoinlandsprodukt haben. Die Zahl der gut dotierten politischen Posten ist in Deutschland mindestens um den Faktor 2 zu groß – auch hieran muss gespart werden."*[16]

Gegenwärtig (im Jahr 2015) kann man an Griechenland beobachten, dass genau das von den Kreditgebern erzwungen werden soll. Bei uns wäre es ebenso nötig, unterbleibt aber, weil wir ja noch Kredit erhalten! Jede Organisation, besonders jede Verwaltung entwickelt eine Eigendynamik, die die Tendenz hat, sich immer mehr aufzublähen. Firmen gehen daran rasch bankrott,

---

[15] Birg, Die ausgefallene Generation, S. 149
[16] Adrian, Werden unsere Kinder und Enkel..., S. 34

Staaten auch, nur eben viel langsamer. Die DDR hat 40 Jahre durchgehalten.

2. Familien und Kinder im Würgegriff unseres Steuer- und Sozialsystems

Wir werden gezwungen

Junge Paare mit einem Durchschnittseinkommen, die sich aus welchen Motiven auch immer dem hedonistischen Denken bewusst entgegen stellen, die trotz allem eine Familie mit mehreren Kindern haben wollen, werden bereits nach dem ersten Kind - spätestens nach dem zweiten - spüren, dass sie sich zu Lasteseln der Nation gemacht haben.

Wer in unserem Steuer- und Sozialsystem lebt, und das gilt auch für Ausländer, sitzt unentrinnbar gefangen im System von Vater Staat. Eltern werden ausgepresst wie die Trauben in der Kelter. Ob sie wollen oder nicht: ein großer Teil ihrer Lebensleistung wird umverteilt. Die Gesetze für diese Umverteilung sind ungerecht. Kinderlose und ein Teil der Ruheständler genießen unberechtigte Vorteile.

Das soll in den folgenden Ausführungen nachgewiesen werden. So lange wir aber hier leben und arbeiten, sind wir diesem Staat unterworfen. Viele kluge Menschen sind deshalb in den letzten Jahrzehnten ausgewandert. Ich will aber hier bleiben und hoffe das für meine Kinder und Enkel auch.

Seit über hundert Jahren haben wir uns in Deutschland zunehmend daran gewöhnt, uns statt auf die Familie auf unseren kontinuierlich weiter ausgebauten Sozialstaat zu verlassen.

Aber wer erhält diesen am Leben? Wer garantiert seine

Leistungsfähigkeit? Die Konstruktion des deutschen Sozialstaates hat, wie zunehmend deutlich wird, so viele Schwächen, die man mit folgendem Liedtext treffend beschreiben kann: *„Gut gemeint und schlecht gemacht, oberflächlich ausgedacht."*[17]

Aber jetzt der Reihe nach: Wie ist unser Sozialstaat entstanden?

Obwohl schon Plato (428 – 347 v. Chr.) die Auflösung der Familie forderte, hat diese sich bis heute gehalten. Ob der Staat kaum vorhanden war, straff organisiert oder wegen Krieg und Katastrophen weitgehend „verschwunden", es gibt in der ganzen Welt – natürlich mit Varianten – einen ungeschriebenen „Generationenvertrag", den die folgende Erzählung von Christoph von Schmid (1768 – 1854), wiedergegeben von Sophie Behr charakterisiert:[18]

„Ein junger Tischler, fleißig und fröhlich vom frühen Morgen bis in die späte Nacht und wegen seiner gediegenen Arbeit allgemein hoch geschätzt, wurde einmal gefragt, was er denn mit dem vielen Geld mache, das er doch zweifellos verdienen müsse. An dem ordentlichen, aber doch bescheidenen Leben von ihm und seiner Familie sei jedenfalls nicht viel davon zu sehen. Der Tischler erwiderte

- er gebe ein Drittel seines Einkommens für Essen, Trinken und Wohnen aus,

- ein weiteres Drittel verwende er zum Abzahlen alter Schulden und

- das letzte Drittel schließlich lege er auf Zinsen an.

---

[17] Lied: „Starke Wurzeln, gute Früchte" von Jörg Swoboda und Dr. Theo Lehmann

[18] Zitiert von Dr. Johannes Resch, Vom Generationenvertrag zum Generationenbetrug, Internet-Publikation

Es sei aber doch nicht bekannt, dass er jemals ein Darlehen aufgenommen hätte, und ebenso wenig lägen bei der Bank Wertpapiere auf seinen Namen, war die erstaunte Gegenfrage. Ja so sei das auch nicht gemeint gewesen antwortete mit verschmitztem Lächeln der Tischler:

- Die Abtragung alter Schulden sei die Versorgung seiner Eltern, denen er nächst Gott alles verdanke, was er sei.

- Und das Anlegen auf Zinsen bedeute die Mittel, die er in die Erziehung seiner Kinder stecke. Er hoffe, dass diese ihn und sein Weib versorgen würden, wenn sie einmal nicht mehr arbeiten könnten."

Dieser familiäre Generationenvertrag, so richtig er grundsätzlich ist, hat leicht erkennbare Schwächen, die sofort deutlich werden, wenn wir an die Risiken und Schicksalsschläge des Lebens denken. Die Kinder können sterben oder gar nicht erst geboren werden. Vater oder Mutter können erkranken oder vorzeitig sterben. Der Verdienst kann ausfallen, weil Krieg oder Krisen das Land erschüttern. Die Kinder können missraten und den Eltern die Fürsorge verweigern.

Hatten in vergangenen Zeiten in dörflichen Strukturen oder gewachsenen städtischen Verhältnissen die weiteren Verwandten oder Handwerkergilden dafür gesorgt, dass die schlimmste Not in solchen Fällen aufgefangen wurde, so wurde im Deutschland des 19. Jahrhunderts mit der aufkommenden Industrialisierung deutlich, dass auf Grund des Fehlens dieser verwandtschaftlichen Netzwerke die Industriearbeiter durch Schicksalsschläge in bitterste Not fallen konnten. Während die Leute in den Dörfern wenigstens noch ein bescheidenes Häuschen besaßen, musste der Industriearbeiter mit seinem Lohn auch noch die Wohnungsmiete bestreiten, es sei denn er hauste am Stadtrand in einer Bretterbude.

Diese Verhältnisse führten im Deutschen Reichstag zu heftigen Debatten. Wenn sich August Bebel zu Wort meldete, hielt auch Reichskanzler Otto von Bismarck die Luft an.

Schließlich setzte sich die Meinung durch, dass man Versicherungen schaffen sollte, die die oben genannten Risiken in so weit abdecken, dass das Existenzminimum gesichert bleibt. Dabei dachte man zunächst nicht an den Staat als Versicherer, sondern der Grundgedanke war: „Spare in der Zeit, so hast du in der Not". Der Staat sollte nur Verwaltungs- und Rechtshilfe leisten. 1883 wurde die Krankenversicherung für Arbeiter eingeführt, 1884 folgte die Unfallversicherung. Beide hatten den Charakter von Risikoversicherungen.

1889 kamen die Invaliditäts- und Altersversicherung hinzu. Das Renteneintrittsalter lag bei 70 Jahren. Der Beitragssatz lag insgesamt bei 1,7 % des Bruttolohnes. 1911 folgte die Altersversicherung für Angestellte mit einem Renteneintrittsalter von 65 Jahren.

Die Arbeiter zahlten Beiträge, die die Versicherungen anzulegen hatten. Die Leistungen sollten hauptsächlich aus den Kapitalerträgen erbracht werden. Daher stammt der Begriff Rente. Der Gedanke, etwas beiseite zu legen, das in der Not half zu überleben, spielte eine maßgebliche Rolle. Auch die Arbeitgeber hatten einen Anteil zu leisten. Das war ein neuer, schon fast sozialistischer Gedanke. Zunächst mag das von Seiten der Unternehmer eine echte spürbare Zuzahlung gewesen sein. Alle Fachleute räumen aber inzwischen ein, dass schlussendlich der Arbeitgeberanteil auch Teil des Arbeitslohnes ist, der nur im Namen des Arbeitgebers abgeführt wird.

Diese Versicherungen waren zunächst nur für Industriearbeiter gedacht, für die Gruppe mit dem größten Verarmungsrisiko und der geringsten Absicherung durch Grundbesitz und Kapital. Diese Gruppe machte zunächst nur ca.17 % der gesamten Bevölkerung aus.

Seit damals erlebten wir eine ständige Erweiterung des Teilhaberkreises der Sozialversicherung auf Angestellte, Handwerker, Bauern, kleine Unternehmer, Künstler und Studenten; des Weiteren eine Vermehrung der versicherten Risiken (Arbeitslosigkeit, Pflege, Behinderung) und eine Verbesserung der Leistungen. Zunächst verringerte man auch das Renteneintrittsalter für Frauen auf 60 und für Männer auf 65 Jahre, bis es 2012 zum Beschluss kam, dieses für Frauen und Männer schrittweise bis auf 67 Jahre anzuheben. Diese Korrektur wurde notwendig, weil neben den Leistungsausweitungen mehrere Faktoren die Beitragssätze nach oben trieben: Mangel an Nachwuchs, höheres Lebensalter und steigende Kosten für Krankheit und Pflege. Für 2016 gelten folgende Beitragssätze:

	Gesamtbeitrag (%)	Arbeitgeberanteil (%)
Rentenversicherung	18,70	9,35
Arbeitslosenversicherung	3,00	1,50
Krankenversicherung	14,60	7,30
Pflegeversicherung	2,35	1,175
Insgesamt	38,65	19,325

Für Kinderlose ab 23 Jahren gilt seit 2005 ein um 0,25 Prozentpunkte höherer Eigenanteil zur Pflegeversicherung. Im Bundesland Sachsen gelten bei der Pflegeversicherung niedrigere Arbeitgeberanteile.

Trotz der gestiegenen Beiträge hat man bis heute immer wieder den Grundsatz der reinen Beitragsfinanzierung verlassen und mit Steuermitteln „fürsorglich" aufgestockt. Fürsorge und beitragsfinanzierte Versicherung sind inzwischen vermischt. So werden die Renten jährlich mit ca. 80 Mrd. € aus dem Steueraufkommen bezuschusst.

Die Wohltaten unseres Sozialstaates haben dazu geführt, dass viele Menschen in unserem Land die Meinung vertreten, gegen die schon Ludwig Erhard mit den Worten kämpfte: *„Der Staat ist doch keine Kuh, die im Himmel gefüttert und auf der Erde nur gemolken wird."*

Der Vollständigkeit halber muss auch noch die Personengruppe genannt werden, für die der Staat direkt die Versorgung übernommen hat: Beamte, Richter, Soldaten und Abgeordnete. Sie leisten keine Beiträge zu den Sozialversicherungen. Der Staat sorgt trotzdem für sie. Das muss nicht heißen, dass sie, weil sie alle diese Abzüge vom Gehalt nicht zu leisten haben, deshalb mehr verdienen als jemand, der in der freien Wirtschaft vergleichbare Leistungen erbringt. Vergleichen kann man folglich nur den Nettoverdienst und die Altersversorgung bei gleicher Leistung. Dieser Vergleich ist aber nicht die Aufgabe, die ich mir gestellt habe.

Der Sozialstaat steckt heute unverkennbar in der Sackgasse. Das aber nicht erst seit heute. 1986 konnte man in „DER SPIEGEL" sinngemäß lesen: *„Je länger man zuwartet, umso schwerer wird die Bürde der Reform, sowohl ökonomisch als auch politisch".*[19] Inzwischen sind wir eine Generation weiter und warten immer noch zu.

---

[19] Vgl. Magazin „Der Spiegel" 3/1986

Die Rentenreform von 1957 unter Bundeskanzler Adenauer

Grundlage dieser Reform war der sogenannte „Schreiber-Plan" mit dem Titel: *„Existenzsicherheit in der industriellen Gesellschaft"*, veröffentlicht 1955, verantwortet von dem Bund der Katholischen Unternehmer. Verfasser war Prof. Dr. Wilfrid Schreiber. Unterzeichner des Vorwortes waren 1955 Dr. Peter H. Werhahn, stellv. Vorsitzender, und der Vorsitzende Franz Greiß.

Vorab sei klargestellt, dass die Reform der damaligen Regierung einen Teil des Schreiber-Planes, der eine demografisch wirksame Komponente enthielt, nicht umgesetzt hat. Wilfrid Schreiber wollte sich daraufhin ganz von der Reform distanzieren, wurde aber von Parteifreunden davon abgebracht. In der einschlägigen Literatur kann man immer wieder lesen, dass die Unterschlagung dieses zweiten Teiles des Schreiber-Planes die Ursache für die demografische Katastrophe sei, in die wir hineingeraten sind. Um das herauszufinden, suchte ich nach dem Original. Der Plan wurde im Jahre 2004 durch den Bund der Katholischen Unternehmer e. V. im Original nachgedruckt und steht als PDF-Datei im Internet.

Nun zu den Grundzügen des Planes: Man hielt eine Reform für notwendig und Schreiber drückt das wie folgt aus: *„Sicherheitsstreben und Lebensangst der Massen haben vielmehr ihre Begründung in sehr realen Sachverhalten, die wir erst heute klar durchschauen. Die Abstellung dieser Sachverhalte, ihre Überwindung durch einen entschlossenen Sozialakt, muss daher jedem am Herzen liegen, der an einer Erhaltung einer freiheitlichen Wirtschafts- und Sozialordnung interessiert ist..."*
„Die industrielle Revolution war im Grund die große Erlösungstat

zugunsten der Familie."[20]

Man sollte nicht vergessen, dass die mit dem Code Civil Napoleons allen zugestandene Gewerbefreiheit die Initialzündung dafür war. Schreiber weiter: *„...sie ermöglichte den nachgeborenen Kindern erstmalig in der Menschheitsgeschichte, allein auf Grund ihrer Arbeitskraft eine selbständige politisch freie Existenz zu begründen."* „Menschheitsgeschichte" ist wohl ein zu großes Wort. Vielleicht wäre es besser zu sagen: „seit der europäischen Standesgesellschaft", denn in anderen Teilen der Welt war vieles ganz anders.

Weiter unten heißt es: *„Das Bevölkerungswachstum ist inzwischen* (gemeint ist in Deutschland. Anm. des Autors) *ja zeitweilig oder gebietsweise rückläufig geworden. Das ist – wie weiter unten ausgeführt wird - ein Anlass zu neuer ernster Besorgnis."* Diese Erkenntnis ist für 1955 beachtlich! Ebenso der folgende Satz: *„Die heutige industrielle Wirtschaft hätte die Kraft auch eine stark - wachsende Bevölkerung bei steigendem Lebensstandard zu ernähren. Alle malthusianischen Befürchtungen einer „Überbevölkerung" der Erde sind mindestens für dieses Jahrhundert unbegründet und Ausdruck einer Kleingläubigkeit und eines Phantasiemangels, die durch die tatsächlichen Kräfte der Entwicklungsdynamik Lügen gestraft werden."*

Schreiber stellt dann klar, dass der Unternehmer nur für die geleistete Arbeit Lohn zahlen kann und nicht bemessen nach dem „sozialen Gepäck" des Arbeitnehmers, das heißt ohne Berücksichtigung des Familienstandes.

Das wurde nicht immer konsequent beachtet. Zeitweilig gab es Kinderzuschläge zum Lohn. Das führt aber zu unguten

---

[20] „Schreiber-Plan", originalgetreuer Nachdruck, S. 6 f.

Systemvermischungen und kann sich familienfeindlich auswirken, wenn dadurch der Arbeiter bevorzugt wird, für den keine Zuschläge fällig werden. (Bei Beamten gibt es das noch. Das wird von der Versorgungspflicht des Staates abgeleitet, ist aber auch ein Fehler im System.)

Nun kommt bei Schreiber auf Seite 8 ein Kernsatz: *„In der industriellen Gesellschaft stellt sich daher erstmalig das Problem der Verteilung des Lebenseinkommens auf die drei Lebensphasen: Kindheit und Jugend, Arbeitsalter und Lebensabend....Was nottut, ist Familieneinkommen, das sowohl die Aufzucht von Kindern wie auch die Erhaltung der Alten ermöglicht... Der Bund der Katholischen Unternehmer hat daher mit als erster eine Politik der Eigentumsbildung im Arbeiterstand auf sein gesellschaftliches Programm gesetzt. Aber die eindeutige Entwicklungs-Tendenz der freien industriellen Gesellschaft verbietet es, in dieser Empfehlung das Allheilmittel für den zukünftigen Wohlstand der Arbeitnehmerfamilie zu sehen. Die Arbeitseinkommen der industriellen Gesellschaft haben stark steigende, die Besitzeinkommen langsam sinkende Tendenz.*

Das Dahinschwinden des Vermögensertrages, die ständige Steigerung des Arbeitsertrages verbieten es, die Zukunftsvorsorge der Arbeiterfamilie allein auf individuelles Sparen und persönliche Vermögensbildung zu begründen. Unerlässlich ist und bleibt daneben die solidarische Selbsthilfe in größerem Kreis."

Das wissen wir natürlich heute besser. Schreiber und Kollegen konnten 1955 nicht einschätzen, wie es später nach Jahrzehnten ohne Krieg aussehen wird, zumal dieses Verhältnis von der Steuergesetzgebung, von Steuerschlupflöchern, wechselnden Zinssätzen, Inflationsraten, Wirtschafts- und Finanzkrisen, schließlich nicht zuletzt von der Staatsverschuldung abhängt.

Laut Gabler Wirtschaftslexikon ist der Anteil des durch Arbeit erzielten Einkommens in Deutschland von 80,6 % im Jahr 2000 auf 72,3 % in 2007 gefallen. Eine klare Tendenz!

Unter Punkt 2 [21] „Die klassische deutsche Sozialversicherung" bewertet Schreiber die Vor- und Nachteile des damals bestehenden Systems.

Der Vorteil: Über zwei Inflationen hinweg hat sich die „Wertbeständigkeit" des Systems erwiesen. Mit gutem Grund setzte auch Schreiber dieses Wort in Anführungsstriche. Das Kapital aus den Beiträgen hatte sich ebenso weitgehend in Luft aufgelöst wie Geld, Lebensversicherungen und Schuldbriefe. Aber weil in den staatlich organisierten Versicherungen dauernd Beiträge erhoben wurden, konnten diese „Versicherungen" trotzdem etwas auszahlen. Nicht das Kapital war wertbeständig, sondern die Arbeitskraft der Einzahler. Diese „Entdeckung" hat wahrscheinlich den entscheidenden Impuls für den „Generationenvertrag" gegeben[22]:

„Wenn wir heute daran gehen, das Sozialversicherungswerk zu reformieren, wollen wir ganze Arbeit machen. Mindestens soll es, nach der Reform, den heutigen Gegebenheiten entsprechen - möglichst soll es auf Jahrzehnte hinaus gültig bleiben können. Fragen wir uns zunächst nach den strukturellen Änderungen, die inzwischen - nach 70 Jahren - in der Lebenslage der industriellen Gesellschaft eingetreten sind.

a) Der Arbeitnehmer von heute ist nicht mehr funktionell „arm". Die natürliche Entwicklung, gefördert durch die Tatkraft der Gewerkschaften, hat sein Realeinkommen inzwischen auf das Doppelte ansteigen lassen. Seine weitere Steigerung im Zuge der

---

[21] Schreiber, ebd. S. 9
[22] Schreiber, ebd. S. 11

Verbesserung der gesamtwirtschaftlichen Produktivität ist gewiss.

b) Der Arbeitnehmer, einst eine Minderheit in der Gesellschaft, ist inzwischen zum beherrschenden Typus geworden. Heute sind etwa 80 Prozent aller Familien im Abendland, auch in der Bundesrepublik, Arbeitnehmerfamilien. Die Wahrscheinlichkeit, dass ihre Häufigkeit in Zukunft zurückgeht, ist gering. Eher kann mit einer weiteren langsamen Vermehrung des Arbeitnehmeranteils an der Gesamtzahl der Erwerbstätigen gerechnet werden.

c) Die sieben Jahrzehnte seit der Konzeption der klassischen deutschen Sozialversicherung erfüllen mithin eine Periode relativ rascher dynamischer Veränderungen in der Struktur der Wirtschaftsgesellschaft. Die Quote der Erwerbsbevölkerung, deren Einkommen wesentlich auf Arbeitseinkommen beruht, hat stark zugenommen und nimmt weiter zu. Die Quote derer, deren Einkommen wesentlich Besitzeinkommen ist, nimmt entsprechend ab. Der Schwerpunkt der Einkommensverteilung hat sich stark von der Seite der Besitzeinkommen auf die Seite der Arbeitseinkommen verlagert. Arbeitseinkommen hat auch in der Folge stark steigende, Besitzeinkommen langsam sinkende Tendenz."

Es folgt nun bei Schreiber unter 3. die Kritik an der bis dahin klassischen Rentenversicherung, die man wie folgt zusammenfassen kann:

1. Die ungenügende Höhe der Renten. Man wollte weg von dem Almosenimage, das nur der allergrößten Not wehrt, hin zu einer angemessenen Versorgung.

2. Die allzu formalistische Auslegung des Versicherungsprinzips, das nur so viel Auszahlung erlaubt, wie man eingezahlt hat. Ziel war eine Dynamisierung der Renten, abgeleitet von den Löhnen zum Zeitpunkt der Rentenzahlung.

3. Die Zuschussbedürftigkeit der Renten mit der Folge, dass diese

immer wieder Zankapfel des politischen Tauziehens sind.

4. Die Vermischung des Versicherungsprinzips mit Elementen der Fürsorge.

5. Die mangelnde Abstimmung mit dem damaligen Gesetz der Familienausgleichskasse.

Die damalige Rentenversicherung beruhte bis 1957 auf dem Versicherungsprinzip, allerdings modifiziert durch Elemente der Fürsorge. Vorbild war zunächst die private Rentenversicherung, das heißt die Lebensversicherung, wie man sie heute noch abschließen kann, unter Mitversicherung der Witwen und Waisen.

Sie enthielt jedoch von vornherein einen starken Einschlag karitativer Fürsorge. Grundbeträge der Rente wurden immer wieder mit Steuermitteln aufgebessert.

Kommt uns das nicht irgendwie bekannt vor? Wie oft hat man seither an einer „ewig gültigen" Rentenformel gebastelt und gemeint, nun gäbe es keine Eingriffe der Politik mehr, weil die nicht nötig seien. Sobald dann diese für immer gültige Formel zu Abschlägen geführt hätte, wurde wieder getrickst – besonders vor Wahlen.

Wir finden bei Schreiber noch einige bis heute bedenkenswerte Aussagen:[23]

„Seitdem der Arbeitnehmer der Prototyp der industriellen Gesellschaft geworden ist, bestimmt er den Lebensstandard. Der Versuch, den Arbeitnehmer von heute schlechthin als den „sozial Schwachen" zu stempeln, scheitert an der einfachsten Logik. Wer selber den Durchschnitt bestimmt, kann ersichtlich nicht unter dem Durchschnitt liegen. Ob das Einkommen des Arbeitnehmers von

---

[23] Schreiber, ebd. S. 13 f.

heute „ausreichend" ist oder nicht, steht nicht zur Debatte. Entscheidend ist, dass keine an Einkommen und Kopfzahl stärkere Schicht über ihm steht, die imstande wäre, die Zuschüsse zu seiner Rentenversicherung im wirklichen Wortsinn aufzubringen. Sie ist nicht mehr da. Der Arbeitnehmer ist in der Gestaltung seines Daseins auf sich selbst angewiesen. Ist diese Einsicht wirklich so hart für ihn? Ist sie nicht die notwendige Voraussetzung für die Vollendung der Emanzipation des „4. Standes", die sich auf politischem Gebiet seit langem durchgesetzt hat und auf wirtschaftlichem Gebiet schon viel weiter gediehen ist als er weiß und wahrhaben will?

Woher stammen die „Zuschüsse", die der Bundesetat heute den Rentenversicherungen zuwendet? Sie stammen selbstverständlich zum überwiegenden Teil aus dem Einkommen eben derer, die vom Staat so großzügig beschenkt werden. Nämlich aus den Einkommen der Arbeitnehmer, die der Staat in Form direkter oder - überwiegend - indirekter Steuern anzapft. Wir sehen keine Logik in dieser Verfahrensweise - noch weniger aber den Ausdruck einer "sozialen" Gesinnung. Der Arbeitnehmer wird - entgegen allen objektiven Tatsachen - in die Rolle des Hilfsbedürftigen, sozial Schwachen gedrängt, der Staat seinerseits umgibt sich mit der Gloriole des Wohltäters. Es ist an der Zeit, diese unerhört „unsoziale" Optik wieder zu beseitigen.

Unser vorherrschendes Motiv ist: dem Arbeitnehmer von heute das ihm zukommende Bewusstsein der Eigenständigkeit zurückzugeben, das ihm durch eine zwar wohlgemeinte, aber ersichtlich wirkungslose und durch die Vorspiegelung unzutreffender Sachverhalte schädliche Staatsintervention vorenthalten wird.

Der Arbeitnehmer von heute muss seine Altersvorsorge - so oder so - selber bezahlen, - einfach weil kein anderer da ist, der ihn davon entlasten könnte. Wem soll eine künstliche Konstruktion *nutzen, die diesen Sachverhalt verschleiert? Wir katholischen Unternehmer haben kein Bedenken, die Tatsache anzuerkennen, dass unser sogenannter Arbeitgeberanteil zur Sozialversicherung längst zu einem ... geschuldeten Lohnanteil geworden ist, und dass in dieser Leistung auch nicht mehr die Spur einer altruistischen „Zuwendung" steckt: Wir verlangen vom Staat, dass er bezüglich seiner Zuschüsse zur Sozialversicherung dasselbe tut und aus dieser Einsicht die naheliegenden Folgerungen zieht. Es ist ersichtlich sinnlos, dem Staatsbürger zunächst Einkommensteile in Form von Steuern abzunehmen und sie ihm dann mit der großen Geste des Wohltäters zurückzugeben. Machen wir Schluss mit diesem Gaukelspiel, das nur der falschen Optik der Staatsomnipotenz Vorschub leistet. Der Staat verlangt von uns Unternehmern mit Recht Bilanzklarheit und Wahrhaftigkeit. Wir verlangen mit demselben Recht Klarheit und Wahrhaftigkeit der volkswirtschaftlichen Gesamtrechnung."*

Was damals über die Arbeitnehmer gesagt wurde, gilt heute für die Familien. Das wird später noch ausführlicher untersucht.

Schreiber fasst das vorher Gesagte zusammen: „*... zurück zu einem klaren Verhältnis von Leistung und Gegenleistung, weg von allen Gaukelkünsten der Zuschusswirtschaft.*"[24]

Wie wahr und wie richtig!

Weiter unten schreibt er: „*Nur so ist zu erklären, dass gerade unter Sachverständigen die Ansicht verbreitet ist, eine Rentenversicherung der Arbeitnehmer bedürfe, um „gesund" zu sein, die Ansammlung eines Deckungskapitals.*"

Schreibers Grundgedanken:

„*Derselbe Gedankengang macht klar, dass bei einer gesetzlich*

---

[24] Schreiber, ebd. S. 17

vorgeschriebenen Rentenversicherung, der 4/5 des Volkes angehören, und die daher (unter Normalverhältnissen) niemals mit einer Schrumpfung ihres Geschäftsvolumens zu rechnen hat, die Bildung von Deckungsreserven gänzlich überflüssig ist. Wenn feststeht, dass die Prämieneingänge immer und ewig die Rentenzahlungs-Verpflichtungen mindestens decken werden – warum dann den Versicherten mit der Verpflichtung zur Bildung eines anonymen Kapitals belasten?" In Klammern steht: „unter Normalverhältnissen." [25] Schreibers Kapital ist das „Humankapital", nämlich diejenigen, die im Erwerbsleben stehen. Schreiber weiter:

„Die öffentlich-rechtliche Volksversicherung, die sich auf die Gewissheit ihres ewigen Bestandes stützen darf, hat diese Sicherung nicht nötig. Ihre - viel stärkere - Sicherung beruht auf der Gewissheit der Kontinuität des Volksdaseins." Finanzkapital will er nicht bilden – obwohl viele Versorgungswerke, die es weltweit gibt, genau das tun.

Franz Harder [26] schreibt: *„Die Forderung nach einem kapitalgedeckten System gründet sich auf die Entdeckung, die bereits 1966 dem amerikanischen Ökonomen Henry Aaron gelungen ist. Er hat nachgewiesen, dass eine soziale Alterssicherung auf der Basis des Umlageverfahrens dann vorzuziehen sei, wenn die Summe der Wachstumsrate des Reallohns größer ist als der Realzins des langfristigen Kapitals."*

Dazu muss angemerkt werden, dass man zum Zeitpunkt der Einführung eines Altersversorgungssystems nie wissen kann, wie sich Reallohn und Kapitalverzinsung in der Zukunft entwickeln.

---

[25] Schreiber, ebd. S. 18
[26] Harder, Etliche Grundsätze der Alterssicherung..., S. 9

Was gedachte Schreiber zu tun, um das „Humankapital" zu erhalten, zu vergrößern? Er schreibt:

„Nun wird freilich unsere Voraussetzung - nämlich dass das „Geschäftsvolumen" einer Volksrentenanstalt nicht abnimmt, sondern eher zunimmt - noch zu überprüfen und zu begründen sein. Gesichert ist diese Voraussetzung bei einem stetig wachsenden Volk - ein Grund mehr, diesen allein gesunden demographischen Zustand von Herzen herbeizuwünschen.

Die Bundesrepublik steht wie die meisten Länder Alteuropas zurzeit auf der Kippe zwischen Stagnation und langsamer Schrumpfung. Die derzeitige Entwicklungstendenz der Zahl der Gesamtbevölkerung ist noch nicht bedrohlich (wir wollen nichts dramatisieren!), erfordert aber doch schon ernste Aufmerksamkeit." Das war 1955, liebe Verantwortungsträger in Deutschland!

Nach einer Erörterung, was zu tun ist, wenn kriegsbedingt eine Zeit lang viele Alte zu versorgen sein werden, fasst er seine Überlegungen auf Seite 21 noch einmal zusammen: *„Wir folgern: Eine Reservebildung wäre sowohl überflüssig wie schädlich."*

Ab Seite 24 bis 29 führt Schreiber unter der Überschrift „Sicherheit im Alter" seine Überlegungen in 20 Punkten auf. Die Grundelemente gelten bis heute und deshalb sind die Konstruktionsfehler auch bis heute wirksam.

Die Höhe der Rente bemisst sich nach den Abzügen für die Rentenkasse vom Erwerbseinkommen, das heißt vom Bruttolohn bzw. Bruttogehalt. Auch die Pensionen stehen im Verhältnis zu dem Gehalt der letzten drei Dienstjahre. Der Erwerbstätige, dem die Rentenbeiträge abgezogen wurden, hat also dem System gemäß Leistungen erbracht für die Versorgung seiner Elterngeneration. Aufgrund dieser Leistung für die Alten erwirbt er eine eigene „Anwartschaft" auf eine angemessene Versorgung in seinem Ruhestand. Das ist eine unbegründete Ermessensentscheidung! Es gibt keinen positiven Zusammenhang von Ursache und Wirkung, der wie folgt zu formulieren wäre: Wer gut für die Alten gesorgt hat, der hat damit auch für sein eigenes Alter selbst gut vorgesorgt. Viel eher existieren gegenteilige Impulse, sowohl im privaten als auch im gesellschaftlichen Bereich. Wenn ein Ehepaar z. B. kein zweites Kind will, weil die Pflege der alten Eltern fast alle Kräfte absorbiert, dann haben sie den einen Teil des Generationenvertrages erfüllt, den zweiten für die Zukunft aber nur zur Hälfte. Nur wer Kinder aufzieht, sorgt wirklich für die Zukunft vor. Sie sind schließlich die Renten- und Pensionszahler von morgen.

Die heute Erwerbstätigen führen hohe Sozialbeiträge ab. Ihre Elterngeneration ist überwiegend gut versorgt, aber der mangelnde Nachwuchs dieser Generation zeigt, dass sie systembedingt gut für die Alten sorgen müssen, aber viel zu wenig für ihre eigene Zukunft tun.

Die Herleitung der Altersversorgung von den Erwerbseinkommen entspringt wahrscheinlich dem subjektiven Empfinden der Schöpfer des Systems, dass jeder auch im Ruhestand standesgemäß leben soll.

Bei den Beamtenpensionen liegt die gleiche Überlegung zugrunde. Das Ganze ist von gut versorgten Gehaltsempfängern ausgedacht worden. Erbringen muss diese Leistung allerdings die nachfolgende Generation, die zum Zeitpunkt der geleisteten „Einzahlungen" teilweise noch gar nicht geboren ist.

Zwei geschäftsfähige volljährige Generationen, Erwerbstätige und Ruheständler, schlossen einen Solidarvertrag, der festlegte, wie viel die nächste noch nicht geschäftsfähige Generation später den

Alten zukommen lassen muss. Dabei gingen die Meinungen 1957 weit auseinander. Schreiber und Kollegen waren für 50 % des Bruttolohnes, andere Gutachter für 60 %, SPD und Gewerkschaften für 75 %. Adenauer setzte 70 % fest. (Die Pensionen der Beamten liegen mit 71.75 % demgemäß heute noch über dem Vorschlag Adenauers.)

Franz Harder schreibt dazu: ... *„die Rente wurde erhöht, allein 1957 um 43 %".* Auf Seite 8 weiter: *„von 1957 bis 1985 ist die durchschnittliche Rente um 533 % gestiegen,* (ohne Inflationsbereinigung, Anmerkung des Autors), *fast 50 % mehr als der Nettoverdienst eines durchschnittlichen Arbeitnehmers."* [27]

Wenn man bedenkt, dass Betriebsrenten hinzukommen konnten, dann war vor 30 Jahren mancher Ruheständler besser versorgt als vorher im Erwerbsleben.

Wieso konnte es bei so viel Wissenschaftlichkeit trotzdem bei der Festlegung des Verhältnisses von Erwerbseinkommen zur Rente zu so einer großen Spanne von 50 % bis 75 % kommen? Dem liegen einfach zwei subjektive Ansichten darüber zu Grunde, was für eine Gesellschaft besser ist. Wer für 50 % plädiert, hält es für vernünftiger, wenn jeder noch zu einer gewissen privaten Vorsorge genötigt ist. Wer für 75 % ist, hofft auf eine volle Erhaltung des Lebensstandards wie zur Zeit des Erwerbslebens ohne Zwang zum Zuerwerb und zu privater Vorsorge.

Ich bekenne mich eher zu 50 %, weil dann klar ist, dass ich selbst so viel an Vorsorge wie möglich leisten sollte, und das Ausscheiden aus dem geregelten Erwerbsleben nicht dazu führen darf, auf der faulen Haut zu liegen. Arbeit für die Gemeinschaft gibt es immer.

---

[27] Harder, ebd. S. 3

Der Generationenvertrag wurde zum „großen Generationenbetrug" durch die Erweiterung auf die dritte Generation, die nicht geschäftsfähigen, nicht wahlberechtigten oder überhaupt noch nicht geborenen Kinder. Ihnen wird klammheimlich der Vertrag in die Wiege gelegt mit der Verpflichtung, allen Ruheständlern, nicht nur ihren eigenen Eltern, sondern allen Alten, auch den kinderlosen, eine Rente/Pension zu zahlen, deren Höhe nicht von ihnen, sondern von einer Rentenformel bzw. einem Beamtenversorgungsgesetz bestimmt wird. Prof. Dr. Dr. Hans-Werner Sinn beziffert die einem heute Geborenen auferlegte Verpflichtung für Renten, Krankheit und Pflege mit 231.000 €.[28] Die Summe wäre wesentlich kleiner, wenn er nur für seinen Elternteil zu sorgen hätte, aber je weniger Kinder geboren werden, umso mehr Ruheständler legen ihnen ihre Anwartschaften auf Versorgung im Alter mit in die Wiege. Später wird nochmals genauer darauf eingegangen.

Den Jungen wird gesagt, die Alten hätten Anwartschaften, weil sie in die Rentenkasse lebenslang Beiträge eingezahlt haben. Die Begriffe „Beitrag" und „Kasse" gaukeln immer noch vor, dass es sich um eine Versicherung handelt. Dr. Jürgen Borchert hat zur Entlarvung dieses Schwindels den Begriff „Parafiskus" geprägt. Es handelt sich nämlich bei den Beiträgen um nichts anderes als eine „Altenversorgungssteuer". Wie bei Steuern üblich, sind sie am Jahresende ausgegeben. Die umlagefinanzierten Kassen sind, bis auf eine minimale Schwankungsreserve, immer leer.

Allerdings hat man ein Kriterium der klassischen Versicherung beibehalten. Dort steht die Auszahlung im Verhältnis zur Leistung der Einzahlungen. Deshalb gibt es bei der Rente eine Beitragsbemessungsgrenze. Das ist der einzige Unterschied zur

---

[28] Sinn, Verspielt nicht eure Zukunft! (E-Book)

klassischen Steuer, bei der die Abgaben progressiv mit dem Einkommen ansteigen. Die Beitragsbemessungsgrenze ist zum Vorteil der besser Verdienenden zum Zeitpunkt der Einzahlung. Sie deckelt allerdings dadurch auch die Höhe der Auszahlung.

Der Gedanke mit dem Rentenanspruch hat sich seit dem Kaiserreich so im Denken der Deutschen festgesetzt, dass viele nicht mehr fähig sind, diesen Generationenschwindel zu durchschauen. Es ist, wie wenn ich jemand, der lebenslang an das Dezimalsystem gewöhnt ist, abverlange er solle jetzt mit dem Zwölfersystem rechnen. Das bestehende System der umlagefinanzierten Altersversorgung mit Renten-, Kranken- und inzwischen auch Pflegeversicherung ist seit mehreren Generationen in die Köpfe von uns Deutschen eingebrannt. Viele empfinden dieses System als die größte Selbstverständlichkeit, ja geradezu wie ein Naturgesetz, dem man nicht entfliehen kann. Das zeigt sich zum Beispiel bei folgenden Diskussionen:

Als die Russlanddeutschen kamen, regten sich manche deutsche Spießbürger auf und sagten: *„Die haben nichts eingezahlt und bekommen jetzt eine Rente umsonst."* Dass die Leute, so lange sie in der Sowjetunion lebten, im dortigen System auch für die Alten gesorgt haben, zu dieser Einsicht war man hier nicht fähig. Dazu kommt noch, dass die Spätaussiedler im Durchschnitt mehr Kinder mitbrachten als die „Reichsdeutschen" aufzuweisen haben. Gleiches konnte man während der Wiedervereinigung hören. Begreifen wir es doch: Die Rentenkasse der BRD war 1990 genau so leer wie die der DDR.

Schreiber konnte noch nicht wissen, dass heute auf dem Generationenvertrag in der Wiege noch eine Fußnote steht: „Du hast dafür zu sorgen, dass die Zinsen für 26.000 € Staatsschulden pro Einwohner immer pünktlich entrichtet werden." Auch das ist noch nicht die ganze Wahrheit. Weil die Alten sich an der

Abzahlung kaum noch beteiligen, verteilt sich die Summe auf immer weniger Personen, ist also für den einzelnen „Zahlungspflichtigen" noch weitaus höher.

Aber zurück zum Schreiber-Plan. Schon er hatte die Absicht, die Sache mit dem Begriff Rentenansprüche schön zu reden. Unter Punkt 18 schreibt er: *„Die Rentenansprüche unter Punkt 1 – 17 sind privatrechtliche Rentenansprüche."* [29] Das blieb allerdings nicht ganz ohne Zweifel. Deshalb wurde das Bundesverfassungsgericht bemüht, ein Urteil zu fällen.

Dr. Jürgen Borchert schreibt dazu am 10. Januar 2002 in „DIE ZEIT": *„Nichts beweist die mangelnde Transparenz des Systems deutlicher als die Tatsache, dass das Bundesverfassungsgericht knapp drei Jahrzehnte nach der Rentenreform, am 16. Juli 1985 – in völliger Verkennung der real ökonomischen Zusammenhänge-, die erwerbsbezogenen Rentenanwartschaften unter den Schutz der Eigentumsgarantie stellte. Dass die Rentenbeiträge nur der sozialisierte und ursprünglich familiäre Altenunterhalt waren (und sonst eine Fremdleistung und alles andere als eine eigentumsfähige Vorsorgeleistung), war den Verfassungsrichtern verborgen geblieben. Dabei hatte der Nestor der katholischen Soziallehre, Oswald von Nell-Breuning, das Gericht noch davor gewarnt..."*

An dieser Stelle kann ich Sie, liebe Leser, nur bitten, ihren gesunden Menschenverstand gegen die damaligen Richter des höchsten deutschen Gerichtes aufzubieten.

Wie ist das aber mit der dritten Generation bei Schreiber? Immer wieder kann man in einschlägigen Publikationen lesen, dass Schreiber eine Familienkasse schaffen und den Eltern einen Teil

---

[29] Schreiber, ebd. S. 28

der Kinderkosten abnehmen und der Allgemeinheit auflasten wollte. Der Begriff Familienkasse kommt zwar bei Schreiber nicht vor, wohl aber konkrete Vorschläge über eine Beteiligung Kinderloser an den Kinderkosten. Leider hat Adenauer diesen wichtigen Teil offensichtlich aus wahltaktischen Überlegungen nicht umgesetzt. Dadurch bewirkte die Rentenreform das Gegenteil dessen, was Schreiber beabsichtigt hatte. Die Reform schuf einen starken Anreiz, auf Kinder zu verzichten. Nachfolgend wird viel wörtlich zitiert, damit Sie sich selbst ein Bild machen können.

Ab Seite 33 kommt bei Schreiber das Kapitel B:

„Der Lebensanspruch der Kinder und Jugendlichen

Mit der Einrichtung der Altersrente nach Punkt 1 - 20 ist das Problem der Repartierung des Lebenseinkommens auch auf die „unproduktiven" Lebensphasen Alter und Kindheit erst zur Hälfte gelöst. Es verbleibt die Aufgabe, eine Lebenssicherung für das Kind und den noch nicht erwerbsfähigen Jugendlichen zu schaffen.

Die Gesetzgebung der Bundesrepublik hat die Lösung dieses Problems durch das Gesetz über Kinderbeihilfen und Familienausgleichskassen (und drei Ergänzungsgesetze) versucht.

Sie hat sich dabei an zum Teil sehr alten Vorbildern in den anderen Ländern der westlichen Welt orientiert. Der fundamentale Mangel dieser Lösung besteht darin, dass sie die „Kinderbeihilfen" in der Form von Zuwendungen an die Eltern (oder Erziehungsberechtigten) in Erscheinung treten lässt und damit dem zynischen Wort von der „Zuchtprämie" für zeugungsfreudige Eltern eine gewisse formal-logische Berechtigung gibt."

Gleich hier muss ich anmerken: So edel, wie Schreibers Absicht auch gewesen sein mag, wem wollte er denn die Zuwendungen in die Hand geben, wenn nicht den Erziehungsberechtigten?

„Ist die Verlagerung von Einkommensteilen aus dem Arbeitsalter auf den Lebensabend grundsätzlich noch in Form individueller Sparvorsorge möglich, so kann die Zurückverlegung von Einkommen aus dem Arbeitsalter in die Kindheit ersichtlich nur auf dem Wege der Solidarhilfe zwischen zwei Generationen, das heißt innerhalb der Gesellschaft verwirklicht werden. In der vorindustriellen Gesellschaft ließ sich ein solcher „Solidarvertrag" ohne Mühe im kleinsten Sozialgebilde, in der Familie, verwirklichen. Die Eltern zogen die Kinder groß und erwarben dadurch den selbstverständlichen Anspruch, in ihrem Alter von den Kindern unterhalten zu werden. In der auf das Individuum und nicht auf die Familie hin orientierten industriellen Massengesellschaft ist der Familie diese Funktion ungemein erschwert. Sie hat in der Regel kein fundiertes Einkommen, das eine elastische Gestaltung zulässt – größere Forcierung in Zeiten stärkeren Bedarfs, kompensiert durch größere Schonung in Zeiten abnehmenden oder mangelnden Bedarfs -, Einkommen ist vielmehr das Arbeitseinkommen des Ernährers. Dieses Einkommen kann in einer freien Wirtschaftsordnung nur ein Individualeinkommen sein, nämlich das maßgerechte Entgelt für die individuellen Leistungen des Arbeitnehmers. Im Streben nach höherem Lebensstandard, diesem neuen und durchaus nicht nur negativ zu beurteilenden Lebensimpuls des Menschen der dynamischen Ära, ist daher der anhanglose Einzelne stets im Vorsprung vor dem Familienvater, dessen Lohnsumme zwar gleich hoch ist, aber in so viel mehr Teile geht.

Dieser Missstand trifft wesentlich den Arbeitnehmer, dessen individueller Zeit- oder Leistungslohn weitgehend unelastisch ist und sich durch persönliche Initiative mindestens in viel geringerem Grade steigern lässt als etwa der Geschäftsgewinn des Selbständigen.

Der vorliegende Plan unterscheidet sich in den Voraussetzungen von denen des jüngst verabschiedeten FAK-Gesetzes[30] darin, dass er nicht vom Gedanken des „Familienlastenausgleichs" ausgeht, sondern das Problem unter dem Gesichtspunkt der Verteilung des Lebenseinkommens auch auf die wirtschaftlich „unproduktiven" Lebensphasen - sowohl des Alters wie der Kindheit - sieht. Er empfiehlt den Arbeitnehmern, unter sich einen Solidarvertrag zu schließen, der dem Arbeitnehmerkind einen Vorgriff auf sein eigenes zukünftiges Einkommen gestattet.

Diese Kindheitsrente wird von der Gesamtheit der zur gleichen Zeit erwachsenen Arbeitnehmer finanziert und selbstverständlich dem Erziehungsberechtigten als dem Treuhänder des Kindes ausbezahlt. Damit übernimmt das Kind zugleich die Verpflichtung, im Verlauf seines eigenen Arbeitslebens diese ihm vorschussweise gewährte Rente in Jahresraten zurückzuzahlen. Aus eben diesem Rückfluss werden die Rentenvorschüsse für die dann im Kindesalter Stehenden bestritten."

Wieso spricht Schreiber nicht gleich von einem Kredit oder einem Erziehungsdarlehen, sondern von einer vorschussweise gewährten Rente?

Im Original fährt Schreiber fort:

„Die Kindheits- und Jugendrente

Jedes Kind hat bis zur Vollendung des 20. Lebensjahres Anspruch auf eine Unterhaltsrente in Höhe von b Prozent des Arbeitseinkommens seines Ernährers."

Hier scheint wohl auch ein gewisses Standesdenken durch. (Anm. des Autors)

---

[30] FAK = Familien-Ausgleichskasse

„Im Falle, dass der Vater tot oder arbeitsunfähig ist, bemisst sich der Unterhaltsanspruch des Kindes auf b Prozent von 40 Prozent des „durchschnittlichen Arbeitseinkommens in der Bundesrepublik" gemäß Punkt 5.

Jeder Arbeitstätige ist von seinem 35. Lebensjahr an zur Rückerstattung der in der Kindheit und Jugend erhaltenen Vorschussrente verpflichtet. Die Erstattungsrate bemisst sich nach einem Prozentsatz vom Brutto-Arbeitseinkommen, gestaffelt nach dem eigenen Familienstand gemäß Punkt 24, zahlbar bis zur Erreichung des Rentenalters.

Die „Kindheits- und Jugendrente" ist ein Vorgriff auf das spätere Arbeitseinkommen des Kindes und Jugendlichen. Der Zwanzigjährige ist mithin mit einer „Darlehensschuld" belastet, die er von seinem 35. Lebensjahr an die Gesellschaft zurückerstatten muss. Nicht seine Eltern werden mit einer "Zeugungsprämie" belohnt, sondern das Kind selbst erhält ein Vorschusseinkommen. Das ist der wahre Sachverhalt."

Man muss sich schon fragen, was der Begriff Rente hier zu suchen hat, muss Schreiber an dieser Stelle der Klarheit halber doch von einer Darlehensschuld schreiben.

„Die Erstattungspflicht des Herangewachsenen wird nach seinem eigenen Familienstand gestaffelt. Als normal gilt der Erstattungsfaktor von c Prozent des Arbeitseinkommens nach Erreichung des 35. Lebensjahres für den arbeitstätigen Ehemann mit zwei Kindern.

Für Arbeitstätige anderen Familienstandes gelten folgende Erstattungssätze:

	Prozent des Einkommens
Unverheiratete	*2,0*
Verheiratete ohne Kinder	*1,5*
Verheiratete mit 1 Kind	*1,25*
Verheiratete mit 2 Kindern	*1,0*
Verheiratete mit 3 Kindern	*0,75*
Verheiratete mit 4 Kindern	*0,5*
Verheiratete mit 5 Kindern	*0,25*
Verheiratete mit 6 und mehr Kindern	*0,0*

Diese Staffelung diene nur als Beispiel. Es ist natürlich auch jede andere, numerisch verschiedene, aber gleichsinnige Staffelung denkbar. Sind beide Elternteile erwerbstätig, so haben auch beide die ihrem Arbeitseinkommen und der Kinderzahl entsprechende Erstattungsrate zu leisten."

Aus heutiger Sicht leuchtet uns nicht ein, warum ein Ehepaar ohne Kinder nur mit dem Erstattungsfaktor 1.5 belastet wird, während der Alleinstehende, der auch noch einen Einzelhaushalt führt, mit 2 belastet wird. Wahrscheinlich ging Schreiber, wie damals üblich, davon aus, dass in einer Ehe einer der Partner maximal nur zur Hälfte erwerbstätig ist.

„Mit dieser Staffelung der Rückerstattungs-Quoten nach dem Familienstand kommt ein ausgesprochenes und bewusstes Element der Bevölkerungspolitik in unseren Reformvorschlag. Ein Elternpaar mit zwei Kindern zahlt (quotal gemessen) nur dasselbe an die Rentenkasse zurück, was es in seiner Kindheit und Jugend von ihr empfangen hat. Eltern mit nur einem oder gar keinem Kind

und erst recht die Unverheirateten zahlen mehr zurück, Eltern mit mehr als zwei Kindern weniger.

Diese Staffelung erscheint uns aus rein wirtschaftlichen und materiellen Überlegungen sinnvoll und notwendig.

Bevölkerungspolitik steht zurzeit nicht hoch im Kurs. Wer die primitive Wahrheit ausspricht, dass Bevölkerungswachstum wünschenswert, Bevölkerungsschwund tief bedauerlich ist, wird heute von einer Meute sich modern gebärdender Kritiker als Reaktionär angeprangert oder als Finsterling diffamiert." Hier kritisiert er den Zeitgeist, wie er nach dem Krieg in den Medien herrschte.

„Diese Schrift verzichtet, wie schon bemerkt, auf alle ethischen und religiösen Argumente. Die rein wirtschaftlichen, platterdings materialistischen Beweisgründe sind für sich allein schon hinreichend schlagkräftig, ohne im Widerspruch zur katholischen Soziallehre zu stehen. Die Rechnungsgrundlagen für die Altersrente zeigen eindeutig, dass die Rentenversorgung der Alten und Nicht-mehr-Arbeitsfähigen immer problematischer wird, wenn sich der Baum der Bevölkerung nicht ständig von unten her ergänzt. Je günstiger das Verhältnis zwischen der Zahl der im Arbeitsalter stehenden Menschen zu der Zahl der Rentner ist, umso höher können die Renten, umso geringer die gleichzeitigen Rentenversicherungsbeiträge sein.

Es ist also klar, dass ein gewisses Maß von Bevölkerungspolitik notwendiges Element einer jeden vernünftigen Wirtschaftspolitik sein muss, die den Kinderschuhen des statischen Denkens entwachsen ist und wenigstens den primitivsten Tatsachen der Dynamik Rechnung trägt. Es ist klar, und nicht wegzudiskutieren, dass ein Elternpaar, das mehr als 2,4 gesunde Kinder in die Welt setzt, der Gesellschaft einen Dienst leistet, während der Kinderlose oder das Ehepaar mit weniger als 2,4 Kindern der Gesellschaft einen Dienst schuldig bleibt. Denn 2,4 Kinder je lebendem Menschenpaar (das heißt statistisch 1,2 Kinder je lebendem Einzelmenschen) sind notwendig, um den Bestand der Gesellschaft zu erhalten, das heißt eine stationäre Bevölkerungsstruktur zu sichern.

Wenn wir heute meinen, 2,1 Kinder je Frau würden schon die Bevölkerung erhalten, dann gehen wir von unseren Nachkriegserfahrungen ohne Seuchen und Kriege aus. Das ist aber für die Zukunft nicht garantiert. (Anmerkung des Autors) ...*Ein Elternpaar mit zwei Kindern zahlt (quotal gemessen) nur dasselbe an die Rentenkasse zurück, was es in seiner Kindheit und Jugend von ihr empfangen hat. Eltern mit nur einem oder gar keinem Kind und erst recht die Unverheirateten zahlen mehr zurück, Eltern mit mehr als zwei Kindern weniger.*

Wer sein Alter wirtschaftlich sichern will, tut nicht genug daran, im Laufe seines Arbeitslebens irgendwelche Einkommensteile dem Konsum zu entziehen - das genügt nur, um seinen relativen Anspruch, gemessen an dem anderer, zu sichern - er muss vielmehr zugleich mit dafür sorgen, dass in seinem Alter auch genügend komplementäre Arbeitskraft zu dem allenfalls akkumulierten Sachkapital vorhanden ist, und das kann er nur, indem er für Nachwuchs sorgt. Wer kinderlos oder kinderarm ins Rentenalter geht und, mit dem Pathos des Selbstgerechten, für gleiche Beitragsleistungen gleiche Rente verlangt und erhält, zehrt im Grunde parasitär an der Mehrleistung der Kinderreichen, die seine Minderleistung kompensiert haben. Es gibt, allen Spöttern zum Trotz, ein gesellschaftliches ‚Soll' der Kinderzahl, eben jene 1,2 Kinder, die jeder Einzelmensch im Durchschnitt haben muss, damit die Gesellschaft am Leben bleibt und auch für den Unterhalt ihrer Alten aufkommen kann.

Hier zeigt sich unabweisbar, dass die Institutionen der Altersrente und des Kindergeldes mit Notwendigkeit zusammengehören und als Einheit gesehen werden müssen, weil beiden der gleiche einheitliche Tatbestand und dasselbe Problem zugrunde liegen.

Alle diese weitsichtigen Überlegungen hat Konrad Adenauer völlig unbeachtet gelassen. Ihm wird der leichtfertige (nicht dokumentierte) Satz nachgesagt: „Kinder kriegen die Leute immer." *„Es ist nicht mehr als billig und gerecht, dass der wirtschaftliche Dienst, den der Kinderreiche der Gesellschaft leistet und der Kinderarme ihr schuldig bleibt, auch in den wirtschaftlichen Parametern der gesellschaftlichen Renten-Ordnung seinen Niederschlag findet. Der Vorschlag, den wir machen wollen, ist den alten, statischen Gerechtigkeits- und Äquivalenz-Vorstellungen gegenüber sehr milde und schonend: er lässt die Höhe der individuellen Altersrente unangetastet und erstreckt sich nur auf eine Staffelung der Kinderrenten-Erstattungsleistungen nach der eigenen Kinderzahl der Pflichtigen.*

Dem unverheirateten 35jährigen wird die doppelte Erstattungs-quote aufgebürdet (gegenüber dem Ehepaar mit zwei Kindern), nicht um ihn für seine „Ehelosigkeit" zu „bestrafen" - eine sittliche Wertung seines Verhaltens ist nicht Sache dieser Abhandlung, die sich an rein wirtschaftliche Gegebenheiten hält. Die Doppelung seines Erstattungsfaktors ist nur die sehr milde Kompensation dafür, dass er nichts unternimmt, um sein gesellschaftliches Nachwuchs-Soll zu erfüllen, dabei aber obendrein sein Individualeinkommen für sich allein verbrauchen kann, während der Ehemann im erstrebten Regelfall es mit seiner Gattin teilen muss.

Diese Doppelung ist auch in den Fällen gerecht, in denen aus biologischen Gründen eine Verheiratung unmöglich oder unerwünscht ist. Es wird ja keine Gesinnung belohnt oder bestraft, es werden nur Folgerungen aus objektiven wirtschaftlichen Tatsachen gezogen. Ob einer ehelos bleiben will und wie viel Kinder er haben will, sei seine eigene, höchst individuelle Entscheidung, in die ihm kein Staat und keine Gesellschaft dreinreden soll. Dass er aber von dem wirtschaftlichen Vorteil, den seine unterdurchschnittliche Leistung in Bezug auf die Bestanderhaltung der Gesellschaft obendrein zur Folge hat, einen kleinen Teil zugunsten derer hingibt, die sein Untersoll unter wirtschaftlichen Opfern kompensieren helfen, dürfte nicht unbillig sein und nicht als Nötigung empfunden werden"

Warum schreibt er einen kleinen Teil? Warum sucht er nicht nach einem gerechten fairen Ausgleich? Man kann vermuten, dass damals der Wunsch nach Kindern noch stark und selbstverständlich war und sich niemand nachsagen lassen wollte, er bekäme nur Kinder im Blick auf die „Hilfen" des Staates.

„Mit der Zahlung der Erstattungsraten wird dem Heranwachsenden bis zum 35. Lebensjahr Zeit gelassen. Diese Atempause ist zweckmäßig, weil der Mensch in diesen ersten 15 Jahren seines Arbeitslebens aus natürlichen Gründen sein dann erst im Anlaufen befindliches Arbeitseinkommen für besonders dringende Individualbedürfnisse soll verwenden können: Beschaffung langlebiger Verbrauchsgüter, Vollendung der Berufsausbildung und so weiter. Dieses Moratorium von 15 Jahren soll außerdem den Anreiz und die Möglichkeit zur - biologisch und sittlich wünschenswerten – Frühehe schaffen. Es wird dadurch erreicht, dass der Neigung, erst im reiferen Alter und bei entsprechend gestiegenem Einkommen der Empfängnis stattzugeben, eine Gegenkraft erwächst."

Hier äußert Schreiber einen interessanten Gedanken, der damals noch Sinn gemacht hat, heute allerdings kaum noch. Die Familie sollte in der Zeit, in der die Kinder kommen und der Arbeitslohn meist noch nicht so hoch ist, durch dieses Darlehen für die Kinder entlastet und später wieder belastet werden. Die Ausbildungszeiten sind heute länger geworden. Bis die Eltern ordentlich verdienen, sind viele nicht 30, sondern 40 Jahre alt. Kinder verursachen den Eltern aber hauptsächlich dann höhere Kosten, wenn sie auf Klassenfahrten gehen, teurere Kleidung brauchen, der Computer erneuert werden muss und das Studium beginnt. Die Zeit, in der die Kinder schon auf eigenen Beinen stehen, hat sich nach hinten verschoben.

„Im Hinblick auf die im 35. Lebensjahr beginnende Rückzahlungspflicht erscheint es im Lebenskalkül des jungen Ehepaars nur vorteilhaft, die Geburten in eine möglichst frühe Zeit zu legen, damit sich der Rentenempfang der Kinder und die Rückerstattungspflicht der Eltern zeitlich möglichst wenig überdecken.

Es ist klar, dass auch Unverheiratete der Erstattungspflicht unterliegen. Sie zahlen ja nicht für anderer Leute Kinder, sondern erstatten die Vorschüsse, die sie selber im Kindesalter erhalten haben.

Die Rentenkasse des Deutschen Volkes, Abteilung für Kindheits- und Jugendrenten, verkündet im September eines jeden Jahres die Höhe des Prozentsatzes c des normalen Erstattungsfaktors für das darauffolgende Jahr. Sie bemisst ihn so, dass die Beiträge der Über-35jährigen gerade die Ansprüche der Unter-20jährigen decken."

Trotz der demografischen Komponente ist ein Teil der bis heute wirkenden Konstruktionsfehler unseres noch immer praktizierten Systems der Altersversorgung schon bei Schreiber zu finden. Dazu gehört einerseits die Bindung der Renten und Pensionen an die Bruttolöhne und andererseits die Tatsache, dass Schreiber nicht bestrebt war, die Kinder schulden- oder verpflichtungsfrei in das Erwerbsleben zu entlassen. Es sollte ja jeder den Kredit, den er für seine eigene Erziehung als Kind erhalten hätte, ab dem 35. Lebensjahr zurückzahlen. Damit wir uns nicht verwirren lassen, soll uns das ganz klare Modell des Tischlers und dessen Generationenvertrag noch einmal als Prüfraster dienen:

Die Versorgung seiner eigenen Eltern war seine Rückerstattung dessen, was er seinen Eltern „schuldete". Auch bei Schreiber erhalten alle Eltern von allen Erwerbstätigen, die im System sind, eine Rückerstattung, allerdings nicht nach dem Ermessen ihrer eigenen Kinder, sondern danach, wie gut oder schlecht die jeweiligen Rentner in ihrer aktiven Lebensphase für die damaligen Rentner gesorgt haben. Eltern hatten schließlich alle. Eine gewisse Umverteilung findet statt, die den Charakter von der Erhaltung des Standes hat. Diese Tendenz ist aber sicher auch bei unserem Modell des Tischlers nicht ganz wegzudenken.

Das Problem kommt bei der dritten Generation. Der Tischler erzieht seine Kinder, bildet sie aus und entlässt sie - außer der ungeschriebenen Verpflichtung für ihre eigenen Eltern zu sorgen – schuldenfrei in die Zukunft.

Schreiber gibt dem Tischler für seine Kinder ein Darlehen, das dieser benutzen soll, um sie aufzuziehen. Wenn seine Kinder 35 Jahre alt sind, werden sie verpflichtet, diesen Kredit, den ihre Eltern für ihre Erziehung erhielten, in Raten bis zu ihrem 65. Lebensjahr zurück zu zahlen. Dieses Geld kann dann wieder als Kredit an die nachfolgende Elterngeneration gegeben werden. Die Kinder haben bei Schreiber wie die des Tischlers im Beispiel oben ihren Teil an der Versorgung der Elterngeneration zu tragen plus den Kredit, den ihre Eltern für ihre eigene Erziehung erhielten. Nur aufgrund der Darlehensvergabe wird nun der dritten Generation die Pflicht auferlegt, auch alle die Rentner ihrer

Elterngeneration mit zu versorgen, die selbst keine Kinder aufgezogen haben.

Um es wirklich drastisch zu schildern, nehmen wir an, unser Tischler hat einen Kollegen, auch verheiratet aber ohne Kinder. Unser Tischler hat zwei Kinder. Die sind nun verpflichtet für ihre eigenen Eltern und für den Kollegen des Vaters und dessen Frau zu sorgen. Folglich müssen die zwei die doppelte Zahl an Rentnern unterhalten. Auf dieses Szenario bewegen wir uns gegenwärtig in Deutschland zu.

Dazu kommt noch der zweite Konstruktionsfehler bei Schreiber. Die Höhe der Renten wird nach den Beiträgen berechnet, die entrichtet wurden. Die kinderlose Frau des Kollegen arbeitete zum Beispiel als Lehrerin. Sie verdient in ihrem Ganztagsjob mehr als die nur halbtags erwerbstätige Frau unseres Familienvaters. Folglich erhält das kinderlose Ehepaar eine bessere Versorgung von den Kindern des Kollegen als deren eigene Eltern.

Halt! Schreiber hatte doch da die demografisch wirksame Regelung, die die Kinderlosen zur Kasse bitten sollte und folglich der rückläufigen Geburtenrate entgegengewirkt hätte, eben der Teil, den Adenauer verworfen hat.

Jetzt müssen wir ins Detail gehen, dahin wo bekanntlich oft der Teufel sitzt.

Bei Schreiber heißt es: *„Für die Kindheits- und Jugendrente rechnen wir mit einer Größenordnung von 6 bis 8 Prozent des väterlichen Einkommens."*[31]

Damit können wir die Größenordnung einschätzen und das System mit heutigen Löhnen demonstrieren. Nehmen wir die Mitte der von Schreiber angegebenen Spanne, also ein Darlehen in der Höhe

---

[31] Schreiber, ebd. S. 46

von 7 % des Bruttogehalts des Ernährers, gezahlt über 20 Jahre.

Im Jahre 2012 lag der durchschnittliche Bruttoarbeitslohn in Deutschland laut Bundesfinanzministerium jährlich bei 28.950 €. Davon 7 % sind 2.026 €, geteilt durch 12 Monate ergibt 169 €. Alle Eltern werden jetzt erkennen, dass das etwa die Größenordnung des Kindergeldes ist (zurzeit 190 €). Um aber Missverständnissen vorzubauen, muss gleich darauf hingewiesen werden, dass diese 169 € im Schreiber-Plan ganz anders eingesammelt werden als das heutige Kindergeld. Auf die Problematik Kindergeld und wie es sich zusammensetzt kommen wir später. Hier genügt uns, dass Schreibers „Kinderrente", das heißt sein Kredit, sich pro Kind in 20 Jahren zu ca. 40.520 € summiert hätte. Mathematisch ist das nicht ganz korrekt, weil die Kreditvergabe 20 Jahre lang läuft, dagegen die Rückzahlung ab dem 35. Lebensjahr in 30 Jahresraten erfolgt wäre. In dieser langen Zeit wären sowohl die Kreditraten als auch die Tilgungsraten immer wieder der Inflation und der Entwicklung der Bruttolöhne angepasst worden; ebenso natürlich die Renten. Zum überschlägigen Vergleich lassen wir diese unbekannten Faktoren weg.

Der kinderlose Unverheiratete hätte also im Vergleich zu einem Verheirateten mit zwei Kindern lebenslang 81.040 € mehr Abzüge gehabt. Dafür hat der Kinderlose keine Mühe, keine weiteren Kosten und keine Verantwortung für eigene Kinder, und seine Rente ist ihm zugesichert. Die durchschnittliche Rente eines Mannes (kinderlose Frauen haben fast die gleichen Chancen auf dem Arbeitsmarkt) lag im Jahr 2012 monatlich bei 1058 €, das heißt jährlich bei 12.696 €. (Der geringere Durchschnittsverdienst der Frauen hängt hauptsächlich mit ihrem Dienst in der Familie zusammen.)

Deshalb lege ich bei dieser Rechnung den Verdienst der Männer zugrunde. 2011 lag das durchschnittliche Sterbealter in Deutschland bei 77,3 Jahren und das durchschnittliche Renteneintrittsalter bei 63 Jahren. Der durchschnittliche Rentenbezug von Männern und Frauen dauert folglich also 14.3 Jahre. Das entspricht ca.182.000 €. Obwohl Schreiber den Kinderlosen einen spürbaren Teil der Kinderkosten aufbürden wollte, bliebe diesen immer noch ein Vorteil von ca. 100.000 €. Sie hätten auch bei ihm mehr als die Hälfte ihrer Rente von den Kindern anderer Eltern geschenkt bekommen. (Mancher wird sagen, dass es nicht korrekt ist, einerseits den Verdienst der Männer anzusetzen, andererseits die durchschnittliche Lebenserwartung von Männern und Frauen zugrunde zu legen. Man kann aber doch auch nicht den Verdienst von lebenslang kinderlosen Frauen mit dem von Familienfrauen gleichsetzen.)

Besser als das, was seit Adenauer und allen Nachfolgern aus seinem Plan geworden ist, wäre Schreibers unverändertes Konzept sicher gewesen. Obwohl Prof. Dr. Wilfrid Schreiber selbst kinderlos war, baute er immerhin eine demografisch wirksame Komponente in sein System ein. Man hätte an einigen Stellschrauben drehen können, um einen demografischen Effekt zu erzielen. Der prozentuale Abzug hätte verändert, das Renteneintrittsalter variiert und auch die Rückzahlungsmodalitäten hätten angepasst werden können. Weil Adenauer das Schreiber-Konzept kastrierte, blieb all das nur gute Absicht von Schreiber und Kollegen. Aber trotzdem hätte der Schreiber-Plan keine wirkliche Gerechtigkeit zwischen den Generationen, zwischen Männern und Frauen, vor allem zwischen Müttern und kinderlosen Frauen gebracht.

Die Ableitung der später von der dritten Generation zu leistenden Rentenzahlung von den Bruttolöhnen ist ein fundamentaler Konstruktionsfehler im Schreiber-Konzept. Das wird besonders deutlich an den Müttern, die für Familienarbeit und Kindererziehung teilweise oder ganz auf Erwerbsarbeit verzichten. Mütter, deren Kinder vor 1992 geboren sind, erhalten bis 30. Juni 2014 nur die Anrechnung von einem Jahr ihrer Kinderbetreuung, das heißt einen Rentenpunkt, der ihnen gegenwärtig 28,07 € Rente gewährt (24,92 € in den Neuen Bundesländern). Ab August 2014 sind es zwei Punkte. Die Mütter der später geborenen Kinder erhalten für jedes Kind drei Jahre angerechnet. Eine stichhaltige Begründung für diese Unterschiede habe ich noch nicht gehört. Diese wenigen Rentenpunkte sind für die Mütter nur Beruhigungspillen in homöopathischen Dosierungen.

Dann ist da noch die im Schreiber-Plan eingebaute Variante, dass Eltern, die mehr als zwei Kinder aufziehen, die Rückzahlung des Darlehens reduzieren, im Falle von insgesamt sechs Kindern sogar ganz „abkindern" können. Das war als demografisch wirksame Regelung gedacht. Rechnet man das gegeneinander auf, dann hätten diese Eltern für ihre sechs Kinder insgesamt nach heutigem Geld 243.120 € erhalten, das heißt 40.520 € pro Kind. Mit den Opportunitätskosten hat Prof. Dr. Hermann Adrian errechnet, dass Eltern im Durchschnitt an den Kinderkosten von 440.000 € etwa 260.000 € tragen. (veröffentlicht in der Frankfurter Allgemeinen, 24. März 2012 „Eltern werden ausgebeutet, Kinderlose beschenkt") In späteren Berechnungen kam er auf 300.000 €.

Schreiber hätte den Eltern also 15,6 %, das heißt ein gutes Sechstel, ihrer Kinderkosten ersetzt. Gewinnung von billigen Rentenzahlern für Kinderlose!

Vielleicht hilft uns noch ein Beispiel zu erkennen, wie völlig verfehlt unser gegenwärtiges System der Altersversorgung ist:

Eine Mutter hat ihre zwei Kinder vor 1992 geboren und als Alleinerziehende ohne Sozialhilfe aufgezogen. Zwei Jahrzehnte lang war ihr Tageslauf eng getaktet zwischen Erwerbsarbeit und Familie, immer an der persönlichen Leistungsgrenze. Sie verzichtete auf sehr vieles, was für andere selbstverständlich war. Dann kommt die Rentenberechnung und da bringen ihr die zwei Kinder ganze vier Punkte (ca. 113 € Monat) und sonst wird nur nach ihrem Erwerbseinkommen gefragt.

Unter dem Strich - Ausbeutung der Familien

Bei der Bewertung und Kritik des Schreiber-Planes wurde nur begonnen, die wichtigsten Punkte zu beleuchten. Wenn wir jetzt weiter so verfahren und das ganze Sozialversicherungssystem analysieren, das seit 1957 unübersichtlich gewuchert ist, müssten wir uns mit unzähligen Einzelheiten befassen, alle möglichen Rechnungen und Vergleiche anstellen und dann käme irgendein Experte mit Spezialwissen und würde uns einen kleinen Fehler nachweisen. Schließlich gehören ja zum Sozialsystem nicht nur die Rente und die Pensionen, sondern auch die Krankenversicherung, die Arbeitslosenversicherung, die Pflegeversicherung und nicht zuletzt das Steuersystem. Inzwischen kann man heute hören, es gäbe 156 verschiedene staatliche Familienförderungen.[32]

So wird seit Jahren in einschlägigen Talkshows mit der 180 Mrd. € Lüge operiert. Manchmal sind es auch 186 Mrd. oder gar 200 Mrd., die der deutsche Staat angeblich jährlich für die Förderung von Familien ausgibt. Um auf diese Riesensumme zu kommen, hat man aber „Kraut und Rüben" zusammengezählt. So zählte man zum Beispiel das Kindergeld hinzu, das zu einem großen Teil eine Rückvergütung der entrichteten Steuern ist, die für die Eltern bei der Versorgung ihrer Kinder mit dem Existenzminimum anfällt.

---

[32] Siehe Werding, Familien in der gesetzlichen Rentenversicherung.

Ebenso wurden die Ausgaben mit eingerechnet, die für die Mitversicherung der nicht erwerbstätigen Familienangehörigen bei der Krankenversicherung und für die staatlichen Mittel für Universitäten anfielen.

Dr. Clemens Christmann hat dazu im Jahr 2003 eine Arbeit veröffentlicht. Mit großem Fleiß hat er sich durch diesen Dschungel hindurchgearbeitet. Seinen Vortrag findet man bei „Aktion Lebensrecht für Alle" im Internet unter dem Titel: „Lug und Trug der Familienpolitik". Er kam im Jahre 2001 auf ganze 26.6 Mrd. € echte Familienförderung.

In einem Vortrag vor der Konrad-Adenauer-Stiftung in Mainz am 15.06.2013 nannte Dr. Albin Nees, ehemaliger Staatssekretär im Sächsischen Staatsministerium für Soziales, die aktuellste Zahl von 56,5 Mrd. € echter Familienförderung.

Es ist völlig sinnlos, uns in öffentlichen Diskussionen zu ereifern über die einzelnen Maßnahmen des Sozialversicherungs- und Steuersystems. Für eine Talkshow ist dieses Thema viel zu komplex. In Podiumsdiskussionen lehnen sich Experten im Bewusstsein ihres geballten Spezialwissens zurück und plädieren für oder wider mehr oder weniger Kindergeld, Betreuungsgeld, Elterngeld, Kinderkrippen, Ehegattensplitting, Familiensplitting, Erziehungsgehalt, Studiengebühren, Lernmittelfreiheit, Renteneintrittsalter usw.

Greifen wir zum Beispiel das Thema Erziehungsgehalt heraus. Gefordert wird es meines Wissens in Programmen folgender Parteien: Familien-Partei Deutschlands, ÖDP, REP, NPD, Bündnis C und CM. Die Grünen fordern eine Kindergrundsicherung. Die Piraten glauben mit dem bedingungslosen Grundeinkommen alle Ungerechtigkeiten beseitigen zu können.

Eine der ersten Protagonisten für ein Erziehungsgehalt war die frühere „Hausfrauengewerkschaft", inzwischen umbenannt in „Verband Familienarbeit e. V.".

Die Mütter erkannten, dass sie den ganzen Tag fleißig und produktiv an der Hervorbringung des Humanvermögens arbeiten, dafür aber keinen Lohn erhalten und einen lächerlich geringen Rentenanspruch von nur einem Jahr zugesprochen bekommen. (Ab 1.8.2014 für die vor 1992 geborenen Kinder zwei Jahre, für die danach geborenen drei Jahre). Sie sagten: Wir arbeiten auch und wollen dafür ein Gehalt. In der Weiterentwicklung wurde daraus dann ein Gehalt mit Sozialversicherungsabgaben und allen daraus abgeleiteten Rechten.

Das ist allerdings eine Forderung, die die vorhandenen Systeme in keiner Weise analysiert, sondern als fest vorgegeben akzeptiert und in diesem Rahmen Gerechtigkeit anstrebt. Die eigentliche Frage ist und bleibt nämlich: Woher soll das Geld für das Erziehungsgehalt kommen? Schließlich wird die Staatskasse nicht nur von Kinderlosen, sondern immer noch zum größten Teil von Eltern gespeist. Denken wir an Schreiber und das von ihm kritisierte Gaukelspiel von Vater Staat. Wenn die Familien das Erziehungsgehalt über Steuern und andere Kürzungen zum größten Teil doch selbst tragen müssen, dann wird nur die Umverteilungsbürokratie weiter aufgebläht. Eltern bleiben die lästigen hilfsbedürftigen Bittsteller bei Vater Staat.

Deshalb brauchen die Familien nicht mehr Hilfe, sondern sie müssen befreit werden aus dem Würgegriff der ungerechten Umverteilungsmaschinerie, durch die es in Deutschland nicht mehr überlebenswichtig ist, Kinder zu haben.

Roland Woldag schrieb dazu: *„Für die Kinderlosenlobby ist die Bettlerpose der Familienlobby ein Segen, bekommen doch Kinderlose ihre Auffassung bestätigt, sie seien es, die über Steuern* *und Sozialabgaben die Gören anderer Leute durchfüttern würden. Die Repräsentanten der Kinderlosenlobby im Parlament brauchen den Ball nun nur aufzufangen und sich der Forderung der Familienlobby zu bedienen, um den Transferstaat weiter auszubauen und so Kinderlosen ein Leben auf Kosten der nächsten Generation zu ermöglichen.*

Wir können den Medien immer wieder Debatten entnehmen, die sich mit den Ursachen der Kinderlosigkeit beschäftigen. Mal ist es die Fremdbetreuung, die angeblich fehlt, mal der fehlende Partner, mal die Dichte der Entwicklungsanforderungen zum Erreichen des Berufszieles.

Nur eine Erklärung fehlt:

Kinder haben ist wegen der irrwitzigen Sozialtransfers nicht mehr lebensnotwendig."[33]

Sozialtransfers gab es allerdings immer zwischen den Generationen. Nicht Sozialtransfers an sich sind falsch, sondern ihre Richtung hin zu Kinderlosen und Ein-Kind-Eltern. Ein Lebenskonzept ohne Kinder hat in Deutschland wegen des bestehenden Systems zwei Mal einen riesigen finanziellen Vorteil, zuerst, wenn man sich das Aufziehen von Kindern erspart, und danach, wenn man die gute Altersversorgung genießt, die hauptsächlich die Leute, die Kinder haben, erarbeitet haben.

Bevor spätestens jetzt die Leser, die keine Kinder haben, und die das von Herzen bedauern, das Buch verärgert wegwerfen, muss eines klargestellt werden: Es geht nicht darum, den Schmerz derjenigen, die unter ihrem Schicksal leiden, auf jeder Seite noch zu vergrößern, indem immer wieder auf sie eingeschlagen wird. Es ist mein Anliegen, die Fehler des Systems aufzuzeigen, denn im

---

[33] Blogpost/Freie Welt 19.02.2011

Alter oder wenn noch Krisenzeiten hinzukommen, kann es Kinderlose ganz besonders hart treffen, wenn zu wenig helfende Hände von Jüngeren da sind.

Eine Analyse des deutschen Sozialsystems

Hoffentlich ist durch die Ausführungen deutlich geworden, dass die Streitgespräche über diese Einzelaspekte des bestehenden Systems nur Verwirrung bringen, die Eltern auseinanderdividieren und schlussendlich dazu dienen, dass Politiker Aktivität vortäuschen, ohne zu einer ehrlichen Analyse zu gelangen, geschweige denn die Systeme von Grund auf zu ändern. Wie sollen wir aber zu einer umfassenden Bewertung kommen, die ja die Voraussetzung einer fundamentalen Umgestaltung ist?

Dazu können uns die Berechnungen von Prof. Dr. Hermann Adrian von der Universität Mainz helfen, die er mit analytischer Akribie durchführte und im Jahre 2007 veröffentlichte mit dem Titel: *„Die totalen volkswirtschaftlichen Externalitäten der Kindererziehung in Deutschland"*, zu beziehen über die Universität Mainz. Inzwischen hat er im Jahre 2012 bei der Deutschen Gesellschaft für Demographie e.V. einen Vortrag zum gleichen Thema gehalten, der publiziert ist bei Online-Publikationen der Deutschen Gesellschaft für Demographie e.V. - Nr. 01/2013 unter dem Titel: *„Die ökonomischen Ursachen der niedrigen Fertilität in Deutschland (und anderen Ländern)"*.

Adrian hat sich die Frage gestellt, welche Lastenverlagerungen in unserem gegenwärtig in Deutschland gültigen Steuer- und Sozialsystem zwischen verschiedenen Lebensmodellen wie lebenslang Kinderlosen und Familien mit unterschiedlich vielen Kindern stattfinden. Bei den vom System bewirkten verlagerten Vorteilen bzw. Lasten spricht er von „Externalitäten". Der Begriff stammt aus der Volkswirtschaftslehre und wird von Wikipedia wie folgt definiert: *"Als externen Effekt (auch Externalität) bezeichnet man in der Volkswirtschaftslehre die unkompensierten Auswirkungen ökonomischer Entscheidungen auf unbeteiligte Marktteilnehmer. Vereinfacht gesagt also Auswirkungen, für die niemand bezahlt oder einen Ausgleich erhält. Sie werden nicht in das Entscheidungskalkül des Verursachers einbezogen. Volkswirtschaftlich gesehen sind sie eine Art von Marktversagen und können staatliche Interventionen notwendig werden lassen. Negative externe Effekte werden auch als externe oder soziale Kosten, positive als externer Nutzen oder sozialer Ertrag bezeichnet. Extern heißt dabei, dass die Effekte (Nebenwirkungen) eines Verhaltens nicht (ausreichend) im Markt berücksichtigt werden."*

Worum es dabei geht, wurde bei dem Beispiel Erziehungsgehalt schon angedeutet. Den Eltern für ihre Erziehungsleistung ein Gehalt zu zahlen, muss für sie kein Vorteil sein, wenn sie über Ökosteuer, Mehrwertsteuer und ungerechte Steuersätze dieses Gehalt unter dem Strich doch selbst finanzieren müssen. Deshalb muss das ganze System auf den Prüfstand.

Wenn z.B. M. Werding und H. Hofmann in ihrer Arbeit „Die fiskalische Bilanz eines Kindes im deutschen Steuer- und Sozialsystem" ifo-Institut München (Nov. 2005) diese Bilanz auf Seite 107 mit 76.900 € beziffern und zu dem Schluss kommen, dass dies der Gewinn für den Staat ist, dann müssen wir sofort fragen: Was macht der Staat mit dem „Gewinn", wer streicht ihn ein?

Adrian hat nun mit Hilfe der in der Physik angewendeten Landau-Theorie einen Weg gefunden, eine Bilanz in nackten Euro für unterschiedliche Lebens- bzw. Familienmodelle zu erstellen. Wenn er die Methode für alle Staaten zur Anwendung bringen würde, könnte er Weltenbürger beraten, die sich die Frage stellen: Wir möchten heiraten und drei Kinder aufziehen und im Alter als Ruheständler gut versorgt sein. In welchem Land der Erde ist das mit dem geringsten Aufwand möglich? Deutschland wäre sicher nicht zu empfehlen, denn da kommt Adrian zu folgendem Ergebnis:

Kinderlose Paare erhalten netto die Externalitäten von	1.33 Kindern
Familien mit 1 Kind erhalten netto die Externalitäten von	0,33 Kindern
Familien mit 2 Kindern verlieren netto die Externalitäten von	0,67 Kindern
Familien mit 3 Kindern verlieren netto die Externalitäten von	1.67 Kindern
Familien mit 4 Kindern verlieren netto die Externalitäten von	2,67 Kindern

Für das kinderlose Paar wäre Deutschland gegenwärtig folglich gewinnbringend und deshalb sehr geeignet. Familien mit mehr als einem Kind sollten Deutschland meiden. Nachfolgend stellt Adrian das Ganze wie folgt grafisch dar:

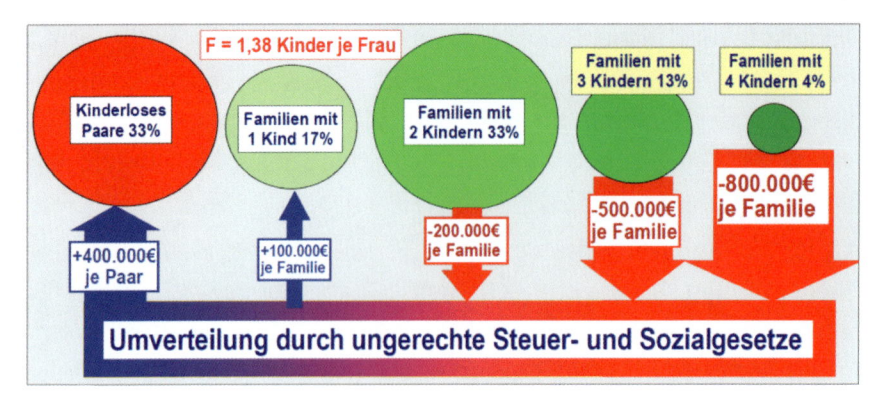

„Abbildung 4: Schematische Darstellung der durch die Externalitäten erzeugten effektiven Geldströme je Familie von den Familien mit 2 und mehr Kindern zu den Kinderlosen und den 1-Kind-Familien. Die Fläche der Kreise entspricht dem Anteil des jeweiligen Lebensentwurfs, die Breite der Pfeile den Gewinnen bzw. Verlusten pro kinderlosem Paar bzw. pro Familie. Die Verluste der Familien nehmen mit der Kinderzahl zu. Deshalb gibt es nur noch wenige große Familien." [34]

Adrian hat die finanziellen Auswirkungen berechnet für verschieden lang erwerbstätige Eltern in Zwei-Kind-Familien: Dabei ist zu beachten, dass er im Unterschied zu Schreiber nicht von einem Ernährer ausgeht, hinter dessen Überlegungen unausgesprochen die damalige bürgerliche Familie Modell stand, in der die Mutter als Familienfrau ohnehin zuhause ist und im Falle von mehr Kindern eben „nur" etwas mehr Familienarbeit leisten musste. Bei Adrian werden die Opportunitätskosten berechnet, die dadurch entstehen, dass z. B. die Mutter wegen der Geburt und Pflege des Kindes ihre Erwerbstätigkeit unterbricht. Dadurch verliert die Familie nicht nur ihr Erwerbseinkommen für diese Zeit, sondern die Karrieremöglichkeiten der Mutter reduzieren sich - alles im Durchschnitt natürlich. Wenn sie gut verdient hatte, dann gleichen die Rentenpunkte schon ab dem zweiten Jahr den Verlust nicht aus. Dazu bringt er folgende Berechnungen:[35]

„Beispiel 1:
1,5-Verdiener-Familie

Brutto-Einkommen: Ein Elternteil 40,000 Euro/Jahr, ein Elternteil

---

[34] Adrian, Die ökonomischen Ursachen der niedrigen Fertilität, S. 17
[35] Adrian, ebd. S. 18 f.

30.000 Euro/Jahr. Die Familie erzieht zwei Kinder, Zeit zwischen Geburten drei Jahre, Alter der Mutter bei Geburt nahe 30 Jahre.

„Traditionelle Familie": Ein Elternteil ist durchgehend erwerbstätig, der andere Elternteil ist bis zur Geburt des ersten Kindes erwerbstätig, unterbricht seine Erwerbstätigkeit für sechs Jahre ganz, ist danach 12 Jahre lang halbtags erwerbstätig und arbeitet danach Vollzeit bis zur Altersgrenze. Verdienstausfall 6 + 12/2 = 12 Jahre. Dazu kommt Einkommensverlust im Äquivalent von weiteren acht Jahren durch Verlust beruflicher Karrierestufen. Durch die Betreuungs- und Erziehungsarbeit leisten die Eltern gleiches Arbeitspensum wie ein durchgängig erwerbstätiges kinderloses Paar.

1. Opportunitätskosten pro Kind: Verlust von 10 J des geringeren Einkommens. Netto-Einkommen ca.14.000 €/J, incl. Elterngeld, Ehegattensplitting, Minderung des Solidaritätszuschlags	140.000 €
2. Direkte Kosten pro Kind: 18 Jahre (550-184) €/Monat	79.056 €
Falls das Kind an Universität studiert: weitere 6 Jahre (700-200) €/Monat [a]	36.000 €
3. Nachteile im Rentensystem relativ zu einem kinderlosen Paar: Verlust an Rentenpunkten durch Einkommensausfall	-10 Punkte
+ 3 durch Erziehungsjahre Verlust an Rentenzahlungen im Alter 7 x 28,07 €/Monat für 20 Jahre	47.158 €
4. Unbezahlte Zusatzarbeit über Vollzeitumfang hinaus: (Unbezahlte Familienarbeit unter 1)	Keine [b]
Als Opportunitätskosten berücksichtigt	0 €
Netto-Kosten/Kind, durchschnittliches Einkommen	300.000 €

| *abgezinst auf Alter der Eltern 45 Jahre* [c] | |

[a] Kindergeld (184 €/Monat) bzw. die im Falle zweier Einkommen höhere Steuerminderung (200 €/Monat) wurde abgezogen.

[b] Die Arbeitsbelastung einer Mutter mit 2 kleinen Kindern entspricht der Belastung durch eine Vollzeiterwerbstätigkeit.

[c] Heutiges Preisniveau, Inflation, nicht berücksichtigt, Realzins 2 % pro Jahr. Endergebnis ist gerundet auf ganze 10.000 €. Berücksichtigt man die Zeitabhängigkeit und die unterstellte Realverzinsung der Zahlungsströme so ist das Gesamtergebnis äquivalent zu einer Einmalzahlung der Familie im Alter der Eltern von 45 Jahren in Höhe des angegebenen Betrags.

Beispiel 2:

Zwei-Verdiener-Familie

Brutto-Einkommen: Ein Elternteil 40.000 Euro/Jahr, ein Elternteil 30.000 Euro/Jahr. Die Familie erzieht zwei Kinder, Zeit zwischen Geburten drei Jahre, Alter der Mutter bei Geburt nahe 30 Jahre.

*„**Moderne** Familie": Beide Eltern sind durchgehend erwerbstätig, nur ein Jahr Unterbrechung pro Kind. Die Kinder besuchen nach dem ersten Lebensjahr Ganztags-Kleinkindbetreuungseinrichtungen, Ganztags-Kindergärten und Ganztags-Schulen.*

Allerdings ist offenkundig, dass die Eltern selbst auch in erheblichen Umfang (früh morgens und abends, an den Wochenenden, an den Feiertagen und in den Ferien) Betreuungs- und Erziehungsarbeit leisten müssen. Diese Zusatzarbeit ist aufgrund der Vollzeiterwerbstätigkeit besonders belastend und entspricht einer halbtags Haushaltshilfe

1. Opportunitätskosten pro Kind: Verlust 1/3 eines Netto-Monatseinkommens	4.500 €
2 J Ganztag-Kleinkindbetreuung (300 €/Monat) plus 3 J Ganztag-Kindergarten (200 €/Monat)	14.400 €
3. Direkte Kosten pro Kind: 18 Jahre lang (650-200) €/Monat	97.200 €
Falls das Kind an Universität studiert: weitere 6 Jahre (800-200) €/Monat [a]	43.200 €
4. Nachteile im Rentensystem relativ zu einem kinderlosen Paar	0 €
4. Unbezahlte Zusatzarbeit („Überstunden"): Im Mittel 1.000 €/Monat [b] 10 Jahre äquivalent zu halber Vollzeitarbeit (alternativ Einstellung Haushaltshilfe)	120.000 €
Netto-Kosten/Kind, durchschnittliches Einkommen, abgezinst auf Alter der Eltern 45 Jahre	300.000 €

[a] Familien mit 2 erwerbstätigen Eltern verfügen über deutlich mehr Netto-Einkommen als 1,5-Verdiener-Familien. Sie geben deshalb im Durchschnitt mehr Geld für ihre Kinder aus als 1,5-Verdiener-Familien.

[b] Relativ hoher Betrag, da Arbeit für Kinder als Überstunden zu betrachten ist und deshalb besonders belastend ist."

Adrian kommentiert die beiden Tabellen u. a. wie folgt: *„Überraschenderweise ergeben sich etwa gleich große Verluste für („traditionelle") 1,5-Verdiener- und („moderne") 2-Verdiener-Familien. Dies erklärt, warum es in Deutschland keinerlei Korrelation zwischen der lokalen Fertilität und der lokalen Verfügbarkeit von Kleinkindbetreuungsplätzen gibt."* [36]

---

[36] Adrian, ebd. S. 16

Angesichts dieser großen Brocken von Kinderkosten ist es unwürdig, sich an Einzelheiten der Berechnungen aufzuhalten. Wir wissen alle, dass die Zinssätze, die der Berechnung zugrunde gelegt wurden, immer wieder variieren und dass es natürlich die durchschnittliche Familie nicht gibt, die wir für solche Berechnungen konstruieren müssen. (Bei einer früheren eingangs zitierten Kalkulation kam Adrian selbst auf Kinderkosten der Eltern von 260.000 €) Die Erfahrungen von Eltern, deren Einkommen sich um den Durchschnitt bewegen, bestätigen allerdings die Größenordnung der Berechnungen von Adrian. Anders ist das bei kinderlosen Personen mit Durchschnittsverdienst. Sie haben eine ganz andere Beziehung zu Geld und Kosten als Leute, die Kinder zu versorgen haben.

In der genannten Arbeit schreibt Adrian weiter: *„Man kann es auch so betrachten: Eine kinderlose Person trägt ca. 14 % der Gesamtkosten von 2 Kindern, die Eltern der beiden Kinder tragen jeweils 43 % der Gesamtkosten.* (Anmerkung des Autors: Hofmann und Werding kommen für die kinderlose Person auf 15.4 %) *Die kinderlose Person erhält aber im Alter mehr als ein Drittel der Erträge der erwachsenen Kinder, die beiden Eltern im Mittel jeweils weniger als ein Drittel. Dies ist ökonomisch absurd."*

Die exorbitant ansteigende finanzielle Belastung der Familien mit mehr als zwei Kindern ist auch die Ursache dafür, dass es immer weniger Familien mit vielen Kindern gibt. Eine bessere Infrastruktur für Fremdbetreuung ändert daran nichts, weil diese der Ein-Kind-Familie am meisten nutzt, der Zwei-Kind-Familie schon weniger und der Familie mit vielen Kindern nur dann, wenn beide Elternteile ein sehr gutes Einkommen haben. Deshalb gab es auch in der DDR viele Familien mit ein und zwei, aber kaum solche mit drei und mehr Kindern. Die Geburtenrate war nur deshalb etwas höher als in der damaligen BRD, weil nicht so viele Menschen ohne Kinder blieben. Man heiratete etwas früher (bevorzugte Wohnungszuweisung) und der Konkurrenzkampf in der Wirtschaft war nicht so ausgeprägt. Das Fehlen von kinderreichen Familien hat wiederum zur Folge, dass die Geburtenrate bei ca. 1.4 Kindern je Frau stagniert. Weil die sogenannte „nachhaltige" Familienpolitik die größeren Familien im Stich lässt, kann sie noch nicht einmal ihr selbst gestecktes Ziel von 1,7 erreichen. Das weist Stefan Fuchs in seinem Buch nach.[37]

Gegenwärtig gewährte Hilfen für Familien

Mit Hilfe der von Adrian zum Einsatz gebrachten Landau-Formel wissen wir jetzt um die Summe der finanziellen Ausbeutung der Familien im gegenwärtigen Sozial- und Steuersystem und deshalb brauchten wir uns eigentlich nicht mehr mit der Bewertung der 156 Hilfen für Familien zu befassen, die es laut Bundesministerium für Familien, Senioren, Frauen und Jugend in Deutschland gibt. Dass Adrians Berechnungen korrekt sind, werden wir später sehr gut nachvollziehen können, wenn das Konzept einer Altersvorsorge der Kinderlosen, basierend auf deren Eigenleistung, dargestellt wird. Wir wissen auch, dass unsere Familienpolitik außerordentlich erfolgreich ist, aber nur für diejenigen, deren Ziel die Abschaffung des deutschen Volkes ist.

Trotzdem wollen wir einige der viel diskutierten „Hilfen" kurz beleuchten. Diese Überlegungen werden erst jetzt nach den vorausgegangenen Untersuchungsergebnissen angestellt, weil wir uns sonst vorher zu sehr auf diese Scheinlösungen konzentriert und in die untauglichen Instrumente verbissen hätten. Die nachfol-

---

[37] Vgl. Fuchs, Gesellschaft ohne Kinder S. 185 ff.

genden Ausführungen sind für diejenigen gedacht, die immer noch meinen, man könnte mit diesen Instrumenten Entscheidendes bewirken.

Kindergeld

In der gegenwärtigen Größenordnung ist es etwa zur Hälfte ein Ausgleich für die von den Unterhaltspflichtigen der Kinder - meistens den Eltern - auf die Versorgung der Kinder mit dem Existenzminimum entrichteten allgemeinen Steuern. Birg gibt in seinem Buch an, dass von den 38,8 Mrd. € jährlich gezahltem Kindergeld 19,5 € Mrd. Steuerrückvergütung sind.[38]

Wenn der Mehrwertsteuersatz erhöht oder die Mineralölsteuern inklusive Ökosteuer auf Treibstoffe angehoben werden, müsste das eigentlich immer sofort zur Erhöhung des Kindergeldes führen. Diesen Zusammenhang lässt man aber im Dunkeln.

Vordergründig meinen viele immer wieder, man sollte das Kindergeld erhöhen, um damit zu Kindern zu ermutigen. Damit wäre sicher etwas zu bewirken. Wir dürfen aber nicht vergessen, dass der größte Teil des Geldes aus der Staatskasse von den Steuern der Eltern stammt. Die Umverteilungsmaschinerie würde noch mehr angekurbelt. Wir werden das später noch genauer beleuchten.

Dass aber eine Förderung der Geburtenrate ohnehin nicht gewollt ist, zeigt die Staffelung ab 1.1.2016: Für das erste und zweite Kind 190 €, das dritte 196 € und für weitere Kinder 221 €. Begründet wurde das bei der letzten Neufestsetzung mit der naiven Aussage, dass alle Kinder den gleichen Wert haben. Den gleichen „Wert" haben sie wohl, aber die Eltern sind gezwungen, für jedes weitere

---

[38] Birg, Die alternde Republik und das Versagen der Politik, S. 208

Kind das Familieneinkommen auf mehr Personen aufzuteilen.

In Wirklichkeit traut sich seit 1949 kaum einer unserer Politiker, sich dem Vorwurf auszusetzen, er betreibe aktive Bevölkerungspolitik. Wer will schon verschrien werden als Finsterling, der eine „völkische" Politik betreibt.

Elterngeld

Beim Elterngeld handelt es sich, zumindest für den Teil von 301 € bis 1800 € um eine Lohnersatzleistung für 12 bzw. 14 Monate. Dahinter steht vordergründig der Gedanke, dass man Eltern, die durch die Geburt und Pflege ihres Kindes Erwerbseinkommen einbüßen, einen Ersatz leistet. Der Staat ersetzt nicht grundsätzlich allen Eltern Kinderkosten, sondern ab 301 € nur denjenigen, die - hätten sie kein Kind - erwerbstätig wären.

Damit hat sich der „Sozialstaat" zum „Volkserzieherstaat" gewandelt, denn vorher half er immer bei Bedarf mit einer Unterstützung, das heißt wenn das Einkommen von Menschen unter das Existenzminimum sank. Jetzt zahlt er, wenn eine Mutter wegen der Geburt und Pflege ihres Kindes nicht erwerbstätig sein kann. Finanziert wird das erstens durch den Wegfall des bis Ende 2006 für 24 Monate gezahlten Bundeserziehungsgeldes und die Kürzung des Kindergeldes für Bedürftige, nämlich die Kinder, die noch in Ausbildung sind. Vorher gab es in diesem Fall Kindergeld bis zur Vollendung des 27. Lebensjahres. Seit Einführung des Elterngeldes wird nur noch bis zum 25. Lebensjahr gezahlt. Dass eine Mutter, die vorher nicht erwerbstätig war, auch 300 € bekommt, ist wahrscheinlich der Erkenntnis geschuldet, dass es politisch schlecht zu verkaufen wäre, wenn sie ganz leer ausginge. Immerhin wird jetzt nur noch für ein Jahr, vorher in der Form des Bundeserziehungsgeldes wurde für zwei Jahre gezahlt. In die Logik der

Lohnersatzleistung passen die 300 € allerdings auch wieder nicht.

Ein unzulässiger Eingriff in die Rollenverteilung der Eltern ist auch die Regelung, dass 14 Monate Elterngeld gezahlt werden, wenn auch der Vater zwei Monate in Elternzeit geht. Auch hier maßt sich der „volkserziehende" Staat in der Person der damaligen Familienministerin Dr. Ursula von der Leyen mit dem von ihm verwalteten Geld an, die Väter an den Wickeltisch zu nötigen. Wer dort wickelt und pudert, das zu entscheiden sollte man eigentlich den Eltern des Kindes überlassen.

Wohl kaum jemand wird bestreiten, was man mit dem Elterngeld erreichen will: Erwerbstätige Frauen sollen sich nach der Geburt ihres Kindes rasch wieder auf dem Arbeitsmarkt anbieten. Wenn sie das tun, dann zahlen besonders gut Verdienende durch ihre Steuern und Sozialabgaben rasch das Geld zurück, das sie vorher erhalten haben. Dass man damit Akademikerinnen nicht zum Kinder Gebären locken kann, zeigt sich an der Wirkungslosigkeit auf die Geburtenrate, brauchen sie doch keinen Taschenrechner, um zu erkennen, dass sie sich in diesem unserem „Sozialstaat" mit Kindern zu den Lasteseln der Nation machen. Soziale Gerechtigkeit sieht anders aus.

Um die Förderung der Geburtenrate geht es unseren Meinungsmachern nicht wirklich, sondern die Wirtschaft will ein großes Angebot an gut ausgebildeten Frauen auf dem Arbeitsmarkt, die man für relativ geringen Lohn beschäftigen kann.

Sobald wir nämlich die Blickrichtung ändern, weg von der Lohnersatzleistung, und uns fragen, wie viel wir als Gesellschaft bereit sind an den Kinderkosten zu tragen, wäre zu beantworten, warum das Kind einer Studentin und einer Frau, die noch wenig oder nichts verdient hat, nur mit 300 € unterstützt wird. Das trifft auch die Mutter, die vor der Rückkehr ins Erwerbsleben ein zweites oder drittes Kind zur Welt bringt. Das zweite ist dann nur noch 300 € „wert". So etwas können sich nur Leute ausdenken, die weniger Kinder wollen. Das ist deutsche Ein-Kind-Politik auf die hinterhältige Art.

Gertrud Martin schreibt in der Zeitschrift „Familienarbeit heute 4/2013" dazu: *„Eine Einschränkung der Erwerbsarbeit zugunsten der Kinder ist danach nicht erwünscht. Es sollen Anreize geschaffen werden, die den Eltern ihr verfassungsmäßig garantiertes Recht abkaufen, frei über die Art und Weise zu entscheiden, wie ihre Kinder erzogen werden sollen – und dabei „die zuvörderst ihnen obliegende Pflicht" (GG 6 Abs. 2).*[39] Das Elterngeld ist ein solcher „Anreiz".

Betreuungsgeld und Kinderkrippen

Ein solcher Anreiz ist auch gegeben einerseits durch die hohe Bezuschussung von Kinderkrippen und andererseits das unverhältnismäßig niedrige Betreuungsgeld.

Wie oben erwähnt, gab es bis 2006 vom Bund noch das mehrfach modifizierte Erziehungsgeld. Von den Gegnern wurde es verunglimpft mit Schlagworten wie „Herdprämie" oder „Mütterfalle". Deshalb ließ man es zunächst ganz weg um zu behaupten, es sei durch das Elterngeld ersetzt.

Gleichzeitig wurde der Ausbau der Kinderkrippenplätze vorangetrieben. Als Ziel wurde gesetzt, dass ab 1. August 2013 für jedes Kind, für das es gewünscht wird, ab Vollendung des ersten Lebensjahres ein Krippenplatz vorhanden sein sollte. Deshalb wurde beachtlicher Druck auf die Kommunen ausgeübt. Um dieses Ziel zu erreichen, gab es hauptsächlich in den alten Bundesländern

---

[39] Familienarbeit heute 4/2013

Nachholbedarf. Das Ziel scheint inzwischen fast erreicht zu sein.

Im Zusammenhang mit diesem Ausbau der Krippen rückten auch die Kosten für diese Einrichtung ins Blickfeld. Das Statistische Bundesamt gab 2012 die jährlich anfallenden Kosten für eine Vollzeitbetreuung (gemeint ist über fünf Tage während der Arbeitszeit der Eltern) der Null- bis Dreijährigen im Jahre 2010 mit 10.900 € an. Weil noch nicht alle Einrichtungen den gewünschten, besser gesagt eigentlich notwendigen, Personalschlüssel und die Qualifikation des Personals erreichten, kann man davon ausgehen, dass man heute 1.200 € im Monat für eine gute Krippe mit neun Stunden Betreuung an fünf Wochentagen aufwenden müsste. Es wird teure Arbeit geleistet, die der Staat großzügig subventioniert. Hier drängt sich die Frage auf: Was, bitte sehr, bekommen Eltern, die diese für die Gesellschaft überlebenswichtige Arbeit leisten und ihre Kinder selbst betreuen?

Dazu eigenes Erleben: Als unsere gegenwärtige Ministerpräsidentin, Frau Malu Dreyer (SPD) noch Familienministerin in Rheinland-Pfalz war, hielt sie in Grünstadt an der Weinstraße einen Vortrag über Familienfragen. Es ging auch um das Defizit an Nachwuchs. Sie sagte damals, dass nach Befragungen ca. 20 % der Mütter in den alten und 15 % in den neuen Bundesländern ganz für ihre kleinen Kinder da sein möchten und sich wünschten, in dieser Zeit ohne Erwerbsarbeit zu sein. In der Diskussion stellte ich die Frage an Frau Dreyer, die auf diesem Gebiet die Gretchenfrage ist: *„Warum kann man dieses Potenzial nicht nutzen und diese Frauen zum Kinder Gebären ermutigen, indem man ihnen wenigstens etwa die Hälfte des Geldes zur Verfügung stellt, das der Staat bereit ist für die Krippen auszugeben?"*

Was macht eine Politikerin, die dieser Frage aus dem Weg gehen will? Sie lässt in der Diskussion vier Fragen sammeln, beantwortet drei und lässt diese weg. Weil die Moderatoren keine Medienprofis waren, fiel das heiße Eisen ins kalte Wasser. Die Diskussion war zu Ende.

Natürlich haben sich seither andere an der Beantwortung dieser Frage versucht. Hauptsächlich von Grünen und Sozialdemokraten heißt es dann: *„Die Kommune betreibt neben Kinderkrippen auch ein Schwimmbad und ein Theater, wer diese Einrichtungen nicht nutzt, ist selbst schuld."* Wer so argumentiert, meint, dass seine Zuhörer das Denken verlernt haben. Eltern, die ihre Kleinkinder selbst betreuen, leisten schließlich eine Arbeit, die der Allgemeinheit nützt. Das kostet ihre Zeit und ihr Geld, vor allem durch Verzicht auf Erwerbseinkommen. Andere geben ihr Kind in die Krippe. Die wird vorwiegend staatlich finanziert, also auch von den ihr Kind selbst betreuenden Eltern! Die „Krippen-Eltern" erhalten so viel staatliche Hilfe, dass sie erwerbstätig sein können. Ist das gleiches Recht für alle?

Das von der CSU in den Koalitionsvertrag hinein gezwungene Betreuungsgeld von 150 € monatlich nennen die Gegner „Nichtnutzungs- oder Fernbleibeprämie".

Eltern, die ihr Kleinkind ganztägig in die Krippe bringen, lassen es im Monat ca. 180 Stunden lang auf Staatskosten betreuen. Wenn sie ihr Kind selbst versorgen, wird das pro Stunde mit weniger als einem Euro „prämiert". Von Wahlfreiheit kann hier ganz sicher nicht gesprochen werden.

Wie viele Milliarden brauchten wir denn, wenn alle Eltern, die ihre Kinder immer noch außer diesem Trinkgeld auf eigene Kosten selbst betreuen, plötzlich auf die Krippe umsteigen wollten?

Wenn aber das Schwimmbad und das Theater nicht mehr zu finanzieren sind, dann werden sie geschlossen! Das ist der ganzen DDR passiert. Ich behaupte, dass die DDR nicht nur, aber auch durch ihre Kindertagesstätten finanziell ruiniert wurde. Man hat den Frauen die Kinder abgenommen, die Kosten der Einrichtungen waren da wie heute auch und man schickte die Mütter in die Betriebe, die teilweise eine so geringe Wertschöpfung hatten, dass sie die vom Staat getragenen Betreuungskosten nicht aufwogen.

Inzwischen hat das Bundesverfassungsgericht das Betreuungsgeld für verfassungswidrig erklärt, weil es in den Verantwortungsbereich der Länder gehört und nicht des Bundes. In den Ländern, wo die Gegner des Betreuungsgeldes das Sagen haben, nutzen diese das Urteil, um diese Familienhilfe klammheimlich abzuschaffen.

Leider hat das BVG die Gelegenheit nicht genutzt, die Rechtmäßigkeit an sich zu prüfen.

Wenn wir schon bei den Kinderkrippen sind, möchten meine Frau und ich als mehrfache Eltern die Gelegenheit nutzen und unsere Meinung zu diesen Einrichtungen nicht verschweigen. Für die Kinder im Alter von null bis zwei, manchmal drei Jahren ist die Kinderkrippe häufig nur eine Notlösung. Das gilt besonders dann, wenn die Babys von häufig wechselnden Personen betreut werden. Kinder brauchen in diesem Alter vorrangig Bindung als Grundlage für die Entwicklung von Beziehungsfähigkeit und nicht eine herbeischwadronierte Bildung. Wer das nicht aus eigener Beobachtung weiß, kann bei Dr. Karin und Prof. Dr. Klaus. E. Grossmann nachlesen, die durch Nachzählen feststellten, dass bereits ein zehnmonatiges Kind im Zeitraum von 45 Minuten im Schnitt ca. 270mal den Blickkontakt zur Mutter sucht.[40]

Wer kleine Babys beobachtet, erlebt, wie schnell sie weinen, wenn die Mutter (oder eine andere feste Vertrauensperson) nur kurz

---

[40] Vgl. Karin und Klaus E. Grossmann, Bindungen - das Gefüge psychischer Sicherheit, S.128 ff.

weggeht, wie dann aber zwei Minuten später alles wieder gut ist, wenn sie zurückkommt. Wieder einmal hat sich die Angst des Babys als unbegründet erwiesen und sein Vertrauen wächst. Wenn die Mutter aber erst nach acht Stunden kommt? Das soll zu diesem Thema genügen. Andere haben dazu mehr geforscht und publiziert. Jürgen Liminski widmet in seinem Buch [41] diesem Thema ein ganzes Kapitel.

Die sogenannte „nachhaltige" Familienpolitik seit dem Jahr 2005

Renate Schmidt, eine Mutter von drei Kindern, wurde unter Bundeskanzler Gerhard Schröder ab Oktober 2002 bis November 2005 Ministerin für Familie, Senioren, Frauen und Jugend. Sie leitete einen Paradigmenwechsel in der Familienpolitik ein. In all den Jahren seit 1957 hatte der Staat immer von einem Familienlastenausgleich gesprochen. Für diesen wurde allerdings nie eine saubere Bilanz erstellt, geschweige denn eine Erfolgskontrolle durchgeführt. Allerdings trat der Misserfolg in der niedrigen Geburtenrate zu Tage. Etwas vereinfacht kann man sagen: Dem im politischen Vokabular noch vorhandenen, aber finanziell nie konsequent erfolgten Lastenausgleich wurde nun die Schuld gegeben, dass die Geburtenrate auf ein noch nie dagewesenes Niveau abgesunken war. Statt eine Überprüfung durchzuführen, in wie weit denn die Lasten tatsächlich ausgeglichen wurden, zog man den Schluss, dass der Lastenausgleich in Richtung Anhebung der Geburtenrate nichts bewirkt hat.

Immerhin wurde damit erstmalig nach dem Krieg in der BRD durch die Ministerin die Steigerung der Geburtenrate als

---

[41] Vgl. Liminski, Die verratene Familie, S. 25 ff.

wünschenswert erklärt.

Die nordischen Staaten, vor allem Schweden, und auch die DDR hatten eine andere Politik betrieben. Sie förderten die Vereinbarkeit von Beruf und Kindern, indem sie auch Kinder unter drei Jahren tagsüber staatlich betreuten. Schweden erzielte eine etwas höhere Fertilität, ob deswegen, kann man nicht beweisen. Auch in der DDR war diese marginal höher als in der BRD. Ohne die Ursachen genauer zu untersuchen, zog man daraus voreilig den Schluss, dass die bessere Vereinbarkeit von Familie und Beruf der Grund für die höhere Fertilität sei. Deshalb schaltete Renate Schmidt um auf „Defamilialisierung", so nennt das Stefan Fuchs[42] in seinem an Fakten reichen Buch. Dieser Begriff Defamilialisierung fasst Maßnahmen zusammen, die nicht mehr die Familie als Lebens- und Wirtschaftseinheit im Blick haben, sondern das Kind, die Frau, den Mann, also das Individuum. Man könnte diese Maßnahmen auf die plakative Formel bringen: Mehr Kinder durch weniger familienzentrierte Hilfen. In der programmatischen Schrift von Renate Schmidt liest sich das wie folgt[43]: *„Je mehr Frauen erwerbstätig sind, desto mehr steigt die Geburtenrate"*.

Stefan Fuchs weist in seinem Werk akribisch nach, dass diese Politik von Renate Schmidt und ihrer Nachfolgerin Ursula von der Leyen, die in Deutschland mehr oder weniger konsequent seit damals betrieben wird, völlig erfolglos war, wenn man die von ihr selbst gesetzte Messlatte, nämlich die Steigerung der Geburtenrate anlegt. Diese unbestechliche Messlatte Geburtenrate haben die meisten Politiker deshalb inzwischen schon wieder klammheimlich beiseitegelegt und sind zurückgekehrt zu der altbekannten Behauptung, dass es eben die persönliche Ent-

---

[42] Vgl. Fuchs, Gesellschaft ohne Kinder

[43] Schmidt, S.O.S Familie. Ohne Kinder sehen wir alt aus, S. 100 f.

scheidung jedes Menschen ist, ob er Kinder will oder nicht. Trotzdem wird weit und breit weiter dogmatisch behauptet, die bessere Infrastruktur für Vereinbarkeit von Beruf und Familie und die Übernahme von mehr Familienarbeit durch die Väter sei die Lösung.

Warum blieb diese Politik, erfolglos? Dafür nennt Fuchs nur die eine Hälfte der Ursachen. In seiner Arbeit wird deutlich, dass die als „nachhaltig" angetretene Familienpolitik deshalb nicht nachhaltig ist, weil sie mit Krippen und Fremdbetreuung die Ein-Kind-Familie am meisten, die Familie mit zwei Kindern schon weniger und die mit mehr als zwei Kindern nicht mehr effektiv unterstützt. Die DDR betrieb eine ähnliche Politik. Deshalb hatten die meisten Menschen nur ein oder zwei Kinder. Weil der Konkurrenzkampf auf dem Arbeitsmarkt in der DDR nicht so stark war wie in der gegenwärtigen Wirtschaft, leisteten sich dort noch mehr Menschen als heute ein zweites Kind. Familien mit vielen Kindern blieben dagegen die Ausnahme.

Fuchs zeigt aber auf, dass man, um zu einer die Bevölkerung erhaltenden Fertilität zu gelangen, die Familien mit mehr als zwei Kindern braucht.

Die zweite Hälfte der Ursachen des Scheiterns der „nachhaltigen" Familienpolitik wird allerdings bei Fuchs nicht deutlich:

Wenn die Eltern mehr von ihrer Zeit der Familie statt dem Beruf widmen, dann müssen sie das verbliebene geringere Einkommen mit ihren Kindern teilen und dann werden sie außerdem bei der Altersversorgung benachteiligt. Einer Familie mit vier kleinen Kindern hilft ein Krippenplatz für das Baby eben nicht sonderlich viel. Sie braucht für ihre Kinder beides, Zeit und Geld. Dass diese Einsicht Fuchs verborgen blieb, ist wohl nur so zu erklären, dass er sich nicht unbeirrt um die Bilanz des Lastenausgleichs bemüht hat, die ermittelt, was Eltern im Vergleich zu Kinderlosen in das Steuer- und Sozialsystem einbringen und welche Leistungen sie beziehen. Diesen Sachverhalt werden wir nachfolgend erhellen. Hier liegt auch der Schlüssel zu einer wirklich nachhaltigen Familienpolitik.

Fuchs hat diesen leider nicht gefunden, denn die bereits eingangs zitierte Zusammenfassung seines Buches auf dem Umschlag sagt mit anderen Worten, dass die Politik nichts bewirken kann:

„Mit dem Paradigmenwechsel zu einer „nachhaltigen" Familienpolitik, die Beruf und Familie besser vereinbar macht, sollte die Geburtenrate in Deutschland auf 1,7 Kinder pro Frau steigen. Dieser Hoffnung lag die Annahme zugrunde, dass die mangelnde Vereinbarkeit am Kindermangel Schuld ist. Dieses in Politik, Medien und Wissenschaft weithin geglaubte Dogma zieht der Autor in Zweifel: Verantwortlich für das niedrige Geburtenniveau in Deutschland sind nicht institutionelle Weichenstellungen, sondern eine individualistische Lebensformenrevolution, die sich politischer Steuerung widersetzt."[44]

Weil viele Politiker das genau so sehen, gilt gegenwärtig die Einwanderung als die einzige Lösung. Das Geld, das wir für eigene Kinder nicht ausgegeben haben, muss dann allerdings für Einwanderer lockergemacht werden.

Die Steuern

Um zu erkennen, dass Familien auch durch die Steuergesetze benachteiligt werden, lese man das Buch von Dr. Jürgen Borchert[45]. Er schreibt: *„Wurden 1965 noch fast 1,35 Mill. Kinder*

---

[44] Fuchs, ebd. Umschlagtext
[45] Borchert, Die Sozialstaatsdämmerung, S. 18

geboren, waren es 2012 nur noch rund 650.000. Damals lebte nur jedes 75. Kind unter sieben Jahren zeitweise oder auf Dauer im Sozialhilfebezug, heute ist es jedes fünfte insgesamt."

Auf Seite 24 schreibt er zur Steuergerechtigkeit: „Tatsächlich dürften aber kaum mickrige 10 % der Staatseinnahmen („Revenue") insgesamt, das heißt einschließlich der Sozialbeiträge, aus dem astronomisch hohen Einkommen der obersten 10 Prozent der Einkommenspyramide stammen, bei denen sich schätzungsweise 35 Prozent aller Einkommen und über 60 Prozent der Vermögen versammeln."

Interessant sind in dem Zusammenhang die von Borchert auf Seite 119/120 aufgelisteten seit 1948 fallenden Spitzensteuersätze:

1948	95 %[a]
1953	80 %
1955	63,45 %
1958	53 %
1975	56 %
1990	53 %

2000	51 %
2001	48,5 %
2004	45 %
2005	42 %
2013	45 %[b]

[a] 1948: ab 250.000 DM - [b] 2013: ab 52.882 Euro, „Reichensteuer" 2013 ab 250.731 €

Viel gravierender für eine große Zahl von Bürgern als der Spitzensteuersatz für sehr hohe Einkommen ist aber die sogenannte kalte Progression. Das Problem ist wie folgt zu skizzieren:

Das Geld entwertet sich im Lauf der Jahre. Durch die Aktivitäten der Gewerkschaften und auch die Konkurrenz um gute Arbeitskräfte stiegen zumindest nominell die Löhne und Gehälter. Die Steuertabellen blieben aber ohne gezielte Eingriffe des

Gesetzgebers erst einmal unverändert. Dadurch werden immer mehr Einkommen in Klassen mit höherer Besteuerung verschoben. Der Staat zieht folglich durch Unterlassen der eigentlich gebotenen Anpassung der Tabellen mehr Steuern ein.

Das Magazin DER SPIEGEL veröffentlichte 2015 eine Berechnung, aus der ersichtlich wird, wann der Spitzensteuersatz greift.[46] Dazu wurden die Währungsveränderungen umgerechnet.

Im Jahr...	griff der Spitzensteuersatz beim ... fachen Durchschnittseinkommen	von umgerechnet
1960	17,9	565.000
1970	7,9	
1980	4,4	
1990	3,0	
2000	2,3	
2010	2,9	
2014	1,7	52.882

Hierbei handelt es sich inzwischen nicht mehr um eine Reichensteuer, sondern um eine Auszehrung des Mittelstandes.

Besteuerung der Familien:

In den nachfolgenden Tabellen erkennen wir sofort, dass den Familien über die Steuergesetze kein ausreichender Ausgleich für ihre Lebensleistung an ihren Kindern, die allen zu Gute kommt, gewährt wird. Einem Kinderlosen tut zwar die etwas höhere Lohnsteuer auf seiner Abrechnung auch weh, aber danach vergisst

---

[46] Magazin „Der Spiegel" 22/2015, S. 66 ff.

er den Schmerz, denn der Rest des Einkommens verbleibt ihm allein. Die Eltern kämpfen dagegen mit der tagtäglichen Herausforderung, den verbleibenden Rest zwischen allen Familienmitgliedern aufzuteilen.

Horizontaler Vergleich 2014 bei 30.000 Euro[1]

Einkommen/Abzüge	Ledig,	Verheiratet, ohne Kind	Verheiratet, 1 Kind	Verheiratet, 2 Kinder	Verheiratet, 3 Kinder	Verheiratet, 4 Kinder	Verheiratet, 5 Kinder
Jahresbrutto	30.000	30.000	30.000	30.000	30.000	30.000	30.000
Lohnsteuer	3.929	1.360	1.360	1.360	1.360	1.360	1.360
Kirchensteuer (8%)	314	109	8	0	0	0	0
Solidaritätszuschlag	216	0	0	0	0	0	0
Krankenversicherung (AN 8, 2%)	2.460	2.460	2.460	2.460	2.460	2.460	2.460
Rentenversicherung (AN 9,45%)	2.835	2.835	2.835	2.835	2.835	2.835	2.835
Arbeitslosenversicherung (AN 1,5%)	450	450	450	450	450	450	450
Pflegeversicherung (AN 1,025%+0,25% Kinderlose)	383	383	308	308	308	308	308
Kindergeld			2.208	4.416	6.696	9.276	11.856
Netto	19.413	22.403	24.787	27.003	29.283	31.863	34.443
Steuerliches Existenzminimum							
Erwachsener	8.354	16.708	16.708	16.708	16.708	16.708	16.708
Kinder			7.008	14.016	21.024	28.032	35.040
frei verfügbar	11.059	5.695	1.071	-3.721	-8.449	-12.877	-17.305

[1] Seit etlichen Jahren erstellen wir jährlich den Vergleich bei einem "Facharbeiterlohn" von 30.000 Euro/Jahr. Um Veränderungen zu erkennen, bleibt diese Ausgangsbasis unverändert.

Die Sozialversicherungsbeiträge sind nur die Anteile des Arbeitnehmers, bei der Pflegeversicherung ggf. mit Zuschlag für Kinderlose.

Deutscher Familienverband

Horizontaler Vergleich 2014 bei 60.000 Euro

	Ledig	Verheiratet, ohne Kind	Verheiratet, 1 Kind	Verheiratet, 2 Kinder	Verheiratet, 3 Kinder	Verheiratet, 4 Kinder	Verheiratet, 5 Kinder
Jahresbrutto	60.000	60.000	60.000	60.000	60.000	60.000	60.000
Lohnsteuer	13.324	8.468	8.504	8.504	8.504	8.504	8.504
Kirchensteuer (8%)	1.066	677	519	367	223	93	0
Solidaritätszuschlag	733	466	357	252	153	0	0
Krankenversicherung (AN 8,2%)	3.985	3.985	3.985	3.985	3.985	3.985	3.985
Rentenversicherung (AN 9,45%)	5.670	5.670	5.670	5.670	5.670	5.670	5.670
Arbeitslosenversicherung (AN 1,5%)	900	900	900	900	900	900	900
Pflegeversicherung (AN 1,025%+0,25% Kinderlose)	620	620	498	498	498	498	498
Kindergeld			2.208	4.416	6.696	9.276	11.856
Netto	33.702	39.214	41.775	44.240	46.763	49.626	52.299
Steuerliches Existenzminimum							
Erwachsener	8.354	16.708	16.708	16.708	16.708	16.708	16.708
Kinder			7.008	14.016	21.024	28.032	35.040
frei verfügbar	25.348	22.506	18.059	13.516	9.031	4.886	551

Die Sozialversicherungsbeiträge sind nur die Anteile des Arbeitnehmers, bei der Pflegeversicherung ggf. mit Zuschlag für Kinderlose.

Deutscher Familienverband

[47] Was erkennen wir in den Tabellen sehr rasch? Natürlich den unteren Balken der Steuerzahler mit mehr als einem Kind! Bezogen auf die Einzelperson zahlen die Familien umso mehr Steuern, je mehr Kinder sie haben. Dazu fällt in Spalte zwei die Steuerersparnis durch Heirat oder Verpartnerung auf.

Das Ehegattensplitting bewirkt, dass das Bruttoeinkommen von 30.000 € um 2938 € weniger steuerlich belastet wird, ohne dass Kinder zu versorgen sind. Ursprünglich mag es auch einmal eingeführt worden sein, um dem jungen Ehepaar Mut zur Familiengründung zu machen. Nachdem es diese Wirkung immer weniger entfaltet, mehren sich die Stimmen, dieses Splitting abzuschaffen. Gegner sagen, es begünstige die Ein-Verdiener-Ehe und ein Partner kann sich durch Annahme eines Minijobs vor der

---

[47] Mit Genehmigung des Deutschen Familienverbands

Belastung mit Steuern und Sozialabgaben wegducken. Gegen eine Abschaffung gibt es zahlreiche vorwiegend juristische Einwände, weil andererseits von dem Ehepaar bzw. der Lebenspartnerschaft gegenseitiger Unterhalt und Fürsorge erwartet wird. Gefordert wird immer wieder einmal, das Ehegattensplitting (inzwischen müsste man es wohl neutraler „Partnerschaftssplitting" nennen) umzuwandeln in ein Familiensplitting nach französischem Vorbild. In Frankreich gilt für jeden Ehepartner wie bei uns Divisor 1; für das erste und zweite Kind Divisor 0,5, für das dritte Kind Divisor 1 und für alle weiteren Kinder wieder Divisor 0,5. Damit fördern die Franzosen gezielt das dritte Kind, weil sie wissen, dass dieses zum Ausgleich für Kinderlose gebraucht wird. Unsere Steuerfreibeträge haben bei Geringverdienern bis zum zweiten Kind eine ähnliche Wirkung, aber für Eltern mit hohen Einkommen wäre das französische System vorteilhafter.

Soweit der kurze Exkurs zu den Steuern.

Bevor wir diesen Themenbereich verlassen, ist es angebracht folgende Frage zu beantworten:

Sind Kinder für die Gesellschaft ein wirtschaftlicher Gewinn oder Verlust?

Zunächst sei mein persönliches Bekenntnis vorangestellt. Ich halte Kinder für uns alle als gottgewollt und für unsere Lebensqualität, unsere Lebenserfahrung für unentbehrlich. Das gilt für uns alle als Gemeinschaft, als Volk, nicht nur für Eltern, sondern auch für Menschen, die ohne eigene Kinder durchs Leben gehen.

Wir können beobachten, dass einige ausländische Regierungen mehr oder weniger massiv eine Reduzierung der Geburtenrate angestrebt haben. Sehr bekannt ist die Volksrepublik China mit ihrer Ein-Kind-Politik. Im Oktober 2015 wurde sie zur Zwei-Kind-

Politik reformiert. Die Überlegungen dieser Regierungen sollen hier nicht Gegenstand der Untersuchungen sein, aber eines ist eindeutig: Je weniger Kinder aufgezogen werden, umso weniger muss zunächst insgesamt im Staat dafür an Mühe, Zeit und Geld aufgewendet werden.

Länder mit einem großen Geburtenüberschuss können sich durch die Reduzierung der Geburtenrate etwas Luft verschaffen, um mehr für die Ausbildung der verbliebenen Kinder auszugeben. Das dicke Ende kommt aber später mit der „Last" der Alten. Neulich war eine Meldung in der Zeitung, die Regierung würde den Chinesen vorschreiben, ihre Eltern mindestens alle zwei Monate einmal zu besuchen. Trotz Ein-Kind-Politik ist aber die Zahl der Geburten je Frau in China immer noch höher als bei uns! Sie lag 2014 bei 1,55 Kindern.

Wie ist das bei uns? Wären mehr Kinder ein finanzieller Vorteil oder ein Nachteil für uns als Volksgemeinschaft?

Dieser Frage sind Dr. Martin Werding und Herbert Hofmann vom Institut für Wirtschaftsforschung an der Universität München nachgegangen und sie haben ihren Forschungsbericht, der im Auftrag der Robert-Bosch-Stiftung erstellt wurde, 2005 unter dem Titel veröffentlicht: „Die fiskalische Bilanz eines Kindes im deutschen Steuer- und Finanzsystem".

Die Autoren haben zu diesem Zweck ein Durchschnittskind konstruiert, das allen Steuer- und Sozialgesetzen, wie sie im Jahre 2000 galten (inzwischen unwesentlich verändert) durchschnittlich unterworfen ist. Anders ausgedrückt haben sie erforscht, ob es für die deutsche Gesamtgesellschaft ökonomisch sinnvoll ist, in Kinder zu investieren. (Welches Verlustgeschäft es für Eltern ist, wurde oben dargestellt, und wie vorteilhaft es für Kinderlose ist, wenn andere es für sie tun, auch.) Das Ergebnis findet sich auf

Seite 86 der Studie und weist einen positiven Saldo von 76.900 € aus. Aber es ist das Durchschnittskind, welches für eine generelle Beantwortung dieser Frage zunächst einmal eine große Aussagekraft hat.

Allerdings berichten Werding und Hofmann in ihrer gemeinsam verfassten Studie auf den folgenden Seiten über Varianten:

Bei einem Kind, das 150 % des Einkommens eines Durchschnittskindes erwirtschaftet, weist der Saldo 166.500 € aus. Weil sich das statistisch noch auf die Nachkommen auswirkt, ist der Vergleichswert zum Durchschnittskind sogar 299.000 €.

Zum Vergleich wurde auch ein Kind berechnet, das nur 66.67 % des Durchschnittskindes erwirtschaftet. Es ergibt sich eine negative fiskalische Externalität, die auf minus 167.000 € bzw. minus 394.900 € anwächst, wenn man die Auswirkungen bis zu den Nachkommen betrachtet.

In seiner neuen Studie für die Bertelsmann Stiftung hat Prof. Dr. Werding die Berechnungen aktualisiert und schreibt[48]: *„Durch öffentlich finanzierte Ausgaben für Gesundheit, Bildung und familienpolitische Leistungen beteiligt sich die Gesellschaft an der Erziehung und Ausbildung eines heute noch jungen Kindes. Der „externe Effekt", den das Kind im Rahmen des Rentensystems zugunsten der nächst-älteren Generation erzeugt, wird dadurch aber bei weitem nicht ausgeglichen. Insgesamt ergibt sich für ein durchschnittliches Kind aus heutiger Sicht ein Überschuss aller von ihm geleisteten Sozialbeiträge und Steuern über die von ihm in Anspruch genommenen Geld- und Sachleistungen in Höhe von 103.400 Euro (Barwert für 2010)."*

Kind ist aber, wie oben ausgeführt, nicht gleich Kind. Wer hier

---

[48] Werding, Familien in der gesetzlichen Rentenversicherung S. 9

etwas weiter denkt, kann erahnen, welche Auswirkungen ein moralischer, ethischer und kultureller Verfall hat und dass auch eine bedenkenlose blauäugige Einwanderungspolitik sehr rasch all das beseitigen kann, was wir heute noch für selbstverständlich gegeben betrachten. Obwohl im Durchschnitt Kinder gesamtwirtschaftlich eine positive Bilanz aufweisen, sieht man in Deutschland seit mehr als 40 Jahren zu, wie es immer weniger werden.

Verschleierung der Fakten durch falsche Kennzahlen

Ob es richtig, gut und sinnvoll ist, dass unser Lebensstandard immer weiter steigt, dass unsere Wirtschaft ständig weiter wachsen muss, das kann man mit Recht bezweifeln. Dass es aber schon längere Zeit langsam bergab geht, das wird verschleiert. Eine Form der Tarnung des Abstieges ist der häufig zitierte Wirtschaftsindikator Bruttoinlandsprodukt. Das Gabler Wirtschaftslexikon erklärt es wie folgt:

„Das Bruttoinlandsprodukt (BIP) misst die Produktion von Waren und Dienstleistungen im Inland nach Abzug aller Vorleistungen. Es ist in erster Linie ein Produktionsmaß. Das Bruttoinlandsprodukt errechnet sich als Summe der Bruttowertschöpfung aller Wirtschaftsbereiche zuzüglich des Saldos von Gütersteuern und Gütersubventionen."

Das BIP steigt ja immer noch. Gemessen wird in Geld. Weil sich unser Geld aber seit seiner Einführung entwertet – das galt für die D-Mark und gilt für den Euro – deshalb steigt das BIP auch dann noch, wenn die Wirtschaft stagniert oder langsam schwächer wird. Das wäre allerdings durch Inflationsbereinigung leicht zu korrigieren, wenn man das denn wollte. Das BIP wird aber in der Regel nicht bereinigt und sehr gerne von den Regierungen als Indikator der Wirtschaft verwendet, obwohl schon Friedrich List

(1789 – 1846) mit folgendem Satz auf seine Schwächen hingewiesen hat: *„Wer Schweine erzieht, ist [nach der Werttheorie] ein produktives, wer Menschen erzieht, ein unproduktives Mitglied der Gesellschaft".*

Nur wenn Produkte, die über den Markt (von der Statistik erfasst) vom Produzenten zum Verbraucher gelangen und wenn Dienstleistungen entlohnt werden, dann gehen sie als volkswirtschaftliche Leistung in das BIP ein. Wenn Eltern ihre Kinder versorgen, erziehen oder trainieren bleibt das für das BIP ein Nichts. Erst wenn das Kinderkrippen- oder Kindergartenpersonal, die Lehrer und Trainer Lohn empfangen, werden diese Dienstleistungen bewertet. Wachsen die Kinder „so nebenher" in der Familie heran, dann ist das keine statistisch erfasste Investition in die Zukunft, wohl aber, wenn sich Jugendamt, Polizei und Justiz um sie kümmern müssen, denn die Gehälter der Beamten gehen in die Berechnung des BIP ein. Repariert der Familienvater sein Fahrrad, sein altes Auto oder sein Haus und baut noch Gemüse und Obst im Garten an, dann gehört das auch nicht zur Wirtschaft, die durch das BIP erfasst wird. Aus diesem Grund sind auch die BIP-Zahlen mancher Entwicklungsländer so unscheinbar, weil in diesen Staaten die Arbeitsteilung noch wenig entwickelt ist.

Die ganze Schwarzarbeit ist natürlich auch nicht erfasst. Sie bringt zwar keine Steuern, wohl aber Wertschöpfung; ebenso die zahlreichen ehrenamtlichen Dienste. Trotzdem ist der Bezug der Wirtschaftswissenschaft auf das BIP ungebrochen.

Wirtschaftswissenschaftler, die die riesigen Investitionen der Eltern und Großeltern in ihre Kinder und Enkel an keiner Stelle versuchen zu bewerten, blenden sehr wichtige Einflussfaktoren aus.

Immerhin hat unsere Regierung, zweihundert Jahre nach Friedrich

List, inzwischen seit 2010 eine Enquete-Kommission eingesetzt mit fünf Projektgruppen, die andere Indikatoren erarbeiten sollten. Der Bericht liegt inzwischen vor unter: Deutscher Bundestag Drucksache 17/13300- 17. Wahlperiode (03.05.2013): Schlussbericht der Enquete-Kommission *„Wachstum, Wohlstand, Lebensqualität – Wege zu nachhaltigem Wirtschaften und gesellschaftlichem Fortschritt in der Sozialen Marktwirtschaft."* 844 Seiten. Es wird einige Zeit ins Land gehen, bis Brauchbares aus den 844 Seiten herausdestilliert sein wird. Man wird mehrere verschiedenartige Messwerte benötigen, denn das Leben und die Kulturen der Völker sind zu bunt, um sie in einer Zahl abbilden zu können.

Unverschleierte Kennzahlen

Die von der Bundesregierung veröffentlichten Prognosen zur Entwicklung der gesetzlichen Renten reichten bisher nur bis zum Jahre 2030. Die Deutsche Bundesbank hat die Frage versucht zu beantworten, wie es danach bis 2060 weitergeht und das Ergebnis in ihrem Monatsbericht für August 2016 veröffentlicht. Die folgende Grafik wurde mit freundlicher Genehmigung der Bundesbank unverändert übernommen. (Die Seitenangaben unter der Grafik beziehen sich auf den Bericht der Bundesbank.) Die Ökonomen der Bundesbank zogen den Schluss, dass das Renteneintrittsalter schrittweise auf 69 Jahre erhöht werden sollte. Die Begründung der Ökonomen beruht auf folgenden Fakten: An den demografischen Tatsachen können sie nichts ändern. Durch die längere Lebenserwartung beziehen die Menschen heute im Durchschnitt 19 Jahre Rente, während es im Jahre 1960 nur 13,5 Jahre waren. Soll der Beitragssatz - wie es gegenwärtig verbreiteter Konsens ist – nicht über 22 % des Bruttoverdienstes ansteigen und das Rentenniveau nicht allzu weit absinken, dann müssen die Menschen länger arbeiten. Eine Verlängerung der

Erwerbstätigkeit hat einen wirkungsvollen Effekt, weil sie einerseits durch länger dauernde Einzahlungen die Kasse auffüllt und diese andererseits durch eine kürzere Zeit des Rentenbezugs entlastet.[49]

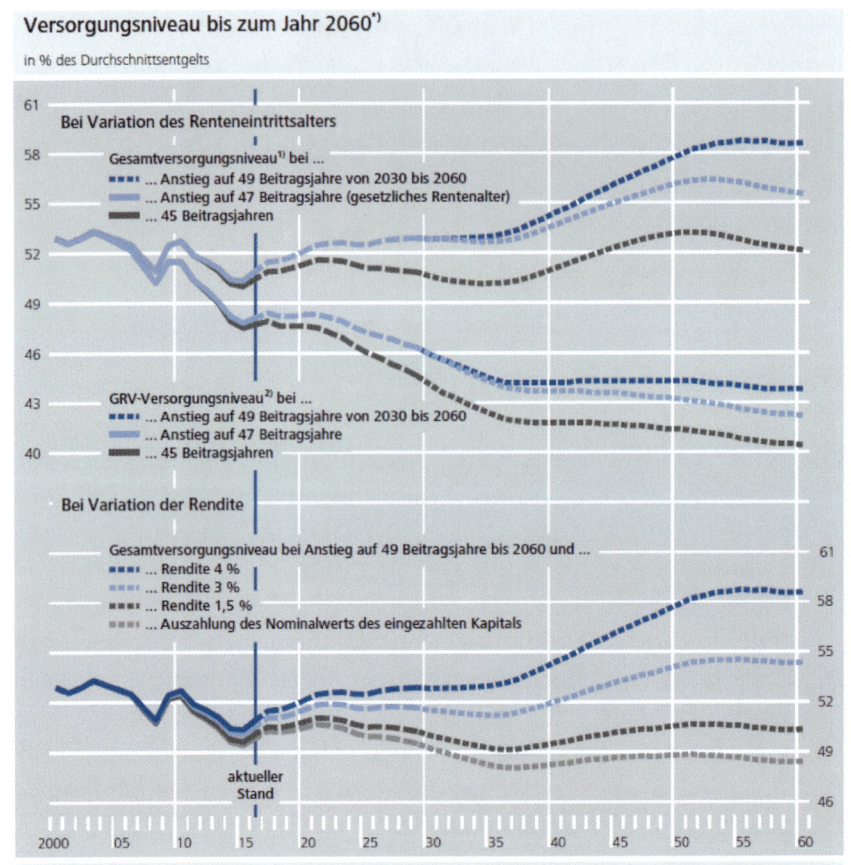

Versorgungsniveau bis zum Jahr 2060*
in % des Durchschnittsentgelts

Bei Variation des Renteneintrittsalters

Gesamtversorgungsniveau[1] bei ...
- ... Anstieg auf 49 Beitragsjahre von 2030 bis 2060
- ... Anstieg auf 47 Beitragsjahre (gesetzliches Rentenalter)
- ... 45 Beitragsjahren

GRV-Versorgungsniveau[2] bei ...
- ... Anstieg auf 49 Beitragsjahre von 2030 bis 2060
- ... Anstieg auf 47 Beitragsjahre
- ... 45 Beitragsjahren

Bei Variation der Rendite

Gesamtversorgungsniveau bei Anstieg auf 49 Beitragsjahre bis 2060 und ...
- ... Rendite 4 %
- ... Rendite 3 %
- ... Rendite 1,5 %
- ... Auszahlung des Nominalwerts des eingezahlten Kapitals

aktueller Stand

Quelle: Bundesministerium für Arbeit und Soziales, Rentenversicherungsbericht 2015, November 2015; und eigene Berechnungen. * Für die zugrunde liegenden Annahmen vergleiche Abbildungen auf S. 71 und 73 sowie Fußnote 36 im Text auf S. 74. Die Anhebung des Rentenalters auf 69 Jahre beginnt mit dem Jahr 2030 und endet im Jahr 2060. Tatsächlich werden so erstmals im Jahr 2064 Personen im Alter von 69 Jahren (Geburtsjahrgang ab 1995) in Rente gehen. **1** Summe aus Versorgungsniveau der gesetzlichen Rentenversicherung (GRV) und den Erträgen aus einer Riester-Rente. **2** Verhältnis von Standardrente der gesetzlichen Rentenversicherung zum Durchschnittsentgelt, jeweils vor Steuern und nach Sozialversicherungsbeiträgen.
Deutsche Bundesbank

---

[49] Monatsbericht August 2016/Seite 75, Copyright: Deutsche Bundesbank Frankfurt am Main Deutschland. Kostenfrei genutzt mit Genehmigung der Bundesbank.

Zunächst sind für uns die unteren drei Kurven im oberen Teil der Grafik die aussagekräftigsten. Wir erkennen auch, dass eine verlängerte Lebensarbeitszeit das Problem mildern aber nicht beseitigen kann. Hier schlägt die Demografie voll durch, obwohl wir bis jetzt nur die Rente und noch nicht die Krankenversorgung und Pflege beleuchtet haben. Von den oberen drei Kurven, die das sogenannte Gesamtversorgungsniveau abbilden, sollten wir uns nicht täuschen lassen. Die Riester-Rente ist nichts anderes als eine freiwillige Beitragserhöhung in Form einer staatlich etwas subventionierten Lebensversicherung, deren Ertrag nicht in einen großen Topf fließt, sondern dem Einzahler verbleibt. Dabei ist der staatliche Zuschuss eine „Beitragserhöhung", die über die Steuer eingezogen wird. Den staatlichen Zuschuss können allerdings nur Leute abgreifen, die genug Geld für die Riester-Rente abzweigen können. Dazu gehören ganz sicher nicht die Durchschnittsverdiener, die ihr Einkommen mit zwei oder mehr Kindern teilen müssen.

Die Kurven in der unteren Hälfte der Grafik verdeutlichen, wie stark der Ertrag der Riester-Rente von der Verzinsung des eingezahlten Kapitals abhängt.

Unverschleierte Kennzahlen, die die Krankenversorgung und Pflege mit einschließen, finden wir in der Arbeit[50] von Werding und Hofmann in den nachfolgend abgebildeten Grafiken. Aufgrund der Angaben von Prof. Dr. Herwig Birg wissen wir, dass diese Entwicklung kurzfristig unumkehrbar ist und auch mit Einwanderung, selbst mit einer raschen Steigerung der Geburtenrate in unserem Jahrhundert nicht mehr entscheidend geändert werden kann. Wenn uns die Zukunft unserer Kinder und

---

[50] Werding und Hofmann, Die fiskalische Bilanz eines Kindes im deutschen Steuer- und Sozialsystem, S. 119

Enkel am Herzen liegt, dann sollten wir uns trotzdem mit ganzer Kraft bemühen, die Weichen so schnell wie möglich richtig zu stellen. Die folgenden Grafiken zeigen, wie es wird, wenn wir nichts ändern.

Abb. A.4: Ausgaben der Sozialversicherungen (2000–2100)

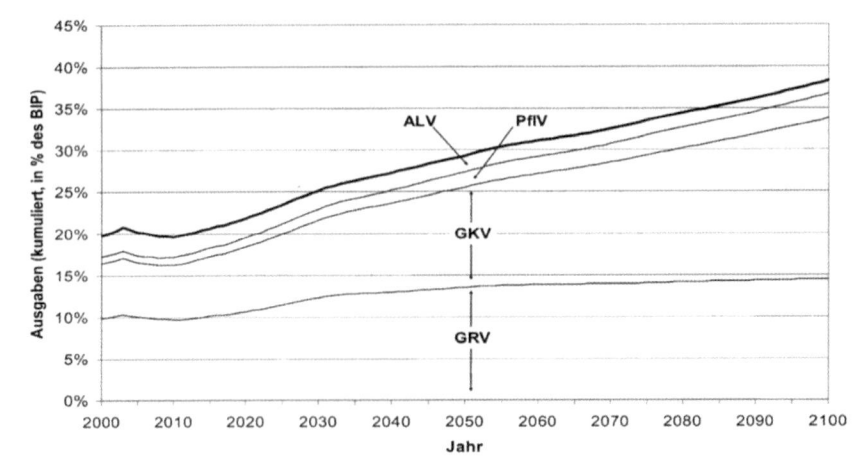

Quelle: ifo Berechnungen.

Abb. A.5: Entwicklung der Sozialbeiträge (2000–2100)

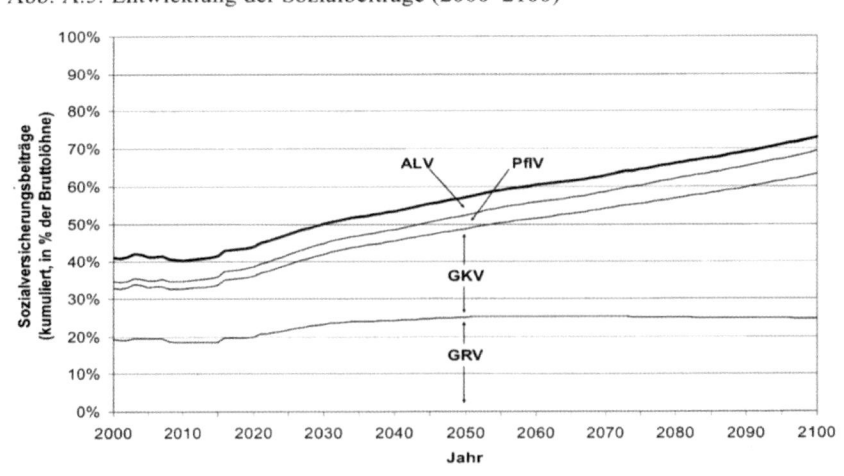

Quelle: ifo Berechnungen.

Zu den einzelnen Kurven:

ALV steht für Arbeitslosenversicherung. Diese stellt eine echte auf Gegenseitigkeit beruhende Versicherung dar. Sie ist wenig von demografischen Faktoren beeinflusst, ganz einfach deshalb, weil sowohl junge als auch alte Menschen von Arbeitslosigkeit betroffen werden können.

Die Aufwendungen im Verhältnis zum BIP steigen trotzdem, weil dieses bei weniger Erwerbstätigen schrumpft. Natürlich gibt es auch hier die Unsicherheiten, die allen Prognosen anhaften.

GRV steht für Gesetzliche Rentenversicherung. Wenn es so viel mehr Alte gibt, sollte man zunächst annehmen, dass die Ausgaben hierfür steiler ansteigen als es die Grafiken darstellen. Weil die Verfasser der Studie aber von den gegenwärtigen gesetzlichen Regelungen ausgehen mussten, greift der demografische Faktor der Rentenformel und auch die beschlossene Verlängerung der Lebensarbeitszeit. Der bescheidene Anstieg der Kurve zeigt an, dass die meisten Renten in Zukunft unwesentlich über dem Niveau der Sozialhilfe liegen werden. Dabei bleibt völlig offen, ob die Politik in der Lage sein wird, dem „Methusalemkomplott" und solchen Organisationen wie dem VDK „Verband der Kriegsbeschädigten, Kriegshinterbliebenen und Sozialrentner Deutschlands" zu widerstehen. Der VdK ist mit 1.6 Mill. Mitgliedern der größte Sozialverband Deutschlands und hat damit mehr Mitglieder als alle politischen Parteien zusammen.

GKV steht für die Gesetzliche Krankenversicherung. Bei dieser geht die Kurve steil nach oben und bereits im Jahre 2050 werden sich die Ausgaben fast verdoppelt haben. Das hängt mit folgenden Fakten zusammen:

Die Ausgaben für Krankenversorgung für alte Menschen sind etwa acht Mal höher als für junge. Die medizinischen Möglichkeiten wachsen immer noch und mit ihnen die dafür notwendigen Kosten. Werding und Hofmann schreiben[51]: *„Zum anderen wird, angelehnt an die ökonometrische Untersuchung von Breyer und Ulrich (2000) auf der Basis von Daten aus dem Zeitraum von 1970-95, berücksichtigt, dass der medizinisch-technische Fortschritt die altersspezifischen Pro-Kopfausgaben der GKV laufend um eine zusätzliche Steigerungsrate von 1 % p.a. erhöht."*

Birg schreibt hierzu [52] : *„Eine weitere Tendenz zur Kostensteigerung entsteht dadurch, dass sich zusätzlich zum Anstieg des Durchschnittsalters auch das Altersprofil der Pro-Kopf-Gesundheitsausgaben durch den medizinisch-technischen Fortschritt insgesamt ständig nach oben verschiebt. So betrug die Spannweite der Pro-Kopf-Ausgaben zwischen Jung und Alt in den 1990er Jahren noch 1:8, sie könnte sich aber durch diese Verschiebungen bis 2040 auf über 1:20 erhöhen, wie die Enquete-Kommission „Demographischer Wandel" des Deutschen Bundestages unter Bezugnahme auf Untersuchungen von Forschungsinstituten festgestellt hat."* Aus Gesprächen mit Krankenhausärzten weiß ich, dass seit 1990 viel rationalisiert wurde und sich die Verweildauer der Patienten in den Krankenhäusern verkürzt hat, aber für jede Heilung ist eben eine gewisse naturgegebene Zeit erforderlich. Noch meinen wir in Deutschland, dass man Ausgaben für die Kranken nicht einfach deckeln kann, denn dann müsste man bestimmte Therapien ab einem gewissen Alter verweigern.

Noch schrecklicher ist die Vorstellung, dass alte Menschen einem gesellschaftlichen Druck ausgesetzt werden, damit sie ihr Leben

---

[51] Werding u. Hofmann, ebd. S. 118
[52] Birg, Die ausgefallene Generation, S. 126

selbst beenden. Immerhin wird in Europa, auch in Deutschland, dieses Thema zunehmend diskutiert. Ich wundere mich nicht, denn in der Generation, in der ohne Not Millionen von Ungeborenen abgetrieben wurden, haben viele die Schwelle, Herr über Leben und Tod zu spielen, bereits in ihrer Jugend überschritten. Die „Last" mit Kindern wollten sie nicht tragen. Auch pflegebedürftige Alte können zur Last werden. Da kommt die Versuchung auf, sich dieser Last zu entledigen.

Während bei der Rente die Belastung der erwerbstätigen Generation etwas beschränkt werden kann, indem man die Renten kürzt, ist das bei der Krankenversicherung, so wie sie gegenwärtig gesetzlich geregelt ist, nicht möglich. Hier tritt die Misere ungeschminkt zutage, die durch das Missverhältnis von Jung und Alt entstanden ist und sich täglich vergrößert.

Die **GPV,** also die Gesetzliche Pflegeversicherung, ist so wie GRV und GKV nach dem unsäglichen Umlageverfahren konzipiert worden, obwohl es viele Sachkundige gab, die den damaligen Minister Dr. Norbert Blüm rechtzeitig eindringlich davor warnten. Deshalb werden sich die Kosten bereits 2050 mindestens verdoppeln und bis 2100 mit großer Wahrscheinlichkeit vervierfachen. Man muss dabei bedenken, dass die Pflege immer weniger in der Familie stattfinden kann, wenn es immer weniger Familien gibt.

Welcher leise aber beinharte politische Kampf hier tobt, wird daran deutlich, dass die Pflegeversicherung zunächst voll und ganz durch Abzüge vom Bruttolohn inklusive Arbeitgeberanteil finanziert wurde. Es handelte sich also zunächst um eine lupenreine Steuer für die Altenpflege, bis das Bundesverfassungsgericht den Gesetzgeber versuchte zu zwingen, die GPV wieder in Richtung Versicherung zu verändern. Deshalb wurde das Gesetz novelliert und festgelegt, dass ab 1.1.2005 kinderlose Teilnehmer 0,25 % Punkte mehr zu zahlen haben als Eltern. Der Bundestag hat notgedrungen auf das Urteil des Bundesverfassungsgerichtes reagiert, aber ohne den Willen, wirklich für Gerechtigkeit zu sorgen. Die Kinderlosen bekommen für einen nur um 0,25 % Punkte erhöhten Beitrag eine Pflege garantiert, die die Kinder anderer Leute finanzieren müssen. Wir werden später herausarbeiten, wie eine gerechte Pflegeversicherung konzipiert sein müsste.

Werding und Hofmann schreiben folgendes [53] : *„Abbildung 4 verdeutlicht, dass sich die Ausgaben der gesetzlichen Sozialversicherungen auf der Basis der hier getroffenen Annahmen - gemessen am laufenden Bruttoinlandsprodukt – im Zeitraum zwischen 2000 und 2100 von derzeit gut 20 % auf zuletzt knapp 40 % annähernd verdoppeln würden. Hauptsächlicher Motor dieses Anstiegs ist die gesetzliche Krankenversicherung und dabei vor allem der hier unterstellte Ausgabeneffekt des medizinisch-technischen Fortschritts. Es ist daher darauf hinzuweisen, dass gerade hinsichtlich dieses Aspekts zwangsläufig eine enorme Unsicherheit herrscht, dass die hier angestellten Berechnungen ihrer Fundierung und Anlage nach aber ein nicht zu vernachlässigendes fiskalisches Risiko anzeigen, das sich durch die Setzung anderer Annahmen im Rahmen einer langfristigen Vorausschätzung nicht einfach aus der Welt schaffen lässt."*

Im Jahre 2011 wurden bezogen auf das BIP ca. 21.5 % Steuern erhoben, siehe Abb. 4. Die Sozialabgaben lagen bei ca. 37 % des BIP. Die gesamten Abgaben betrugen also schon ca. 58,5 %. Betrachten wir nun Abb. 5. der ifo-Berechnungen, dann liegen die Sozialversicherungsbeiträge gegenwärtig bei ca. 40 % der Bruttolöhne. Die Gesamtabzüge in Deutschland werden laut Grafik bei der bestehenden Gesetzeslage für die vier

---

[53] Werding u. Hofmann, ebd., S. 120

Sozialversicherungen im Jahr 2050 bei ca. 55 % der Bruttolöhne liegen und im Jahre 2100 bei ca. 73 %. Nun braucht der Staat für seine Aufgaben aber auch noch Steuern.

Nehmen wir an, dass die Steuern gleich bleiben, dann hätten wir 2050 auf den Bruttolöhnen eine Abgabenlast von 76.5 %. Dem Arbeitnehmer bleiben dann im Durchschnitt noch 23.5 % seines Einkommens zum Leben für sich und seine Kinder. Im Jahre 2100 hat dann ein Deutscher für sich und seine Kinder nichts mehr übrig.

Wenn sich nicht rasch etwas ändert, werden gut Ausgebildete zunehmend einen anderen Staat als ihren Lebensmittelpunkt wählen. Aber wen kümmert es von den Erwachsenen, was 2050 oder gar 2100 sein wird, doch wohl eher Leute, die an ihre Kinder und Enkel, vielleicht an Nichten und Neffen denken!

Manche Mitbürger, auch viele Politiker, reden so, als sei der sogenannte „demografische Wandel" eine gesellschaftliche Veränderung mit Vor- und Nachteilen, die, wenn richtig „gestaltet und verwaltet", alles irgendwie zufriedenstellend weiterlaufen lässt, nur eben etwas anders. Zunehmend zeigt sich, dass das ein Irrtum ist.

Etwa seit 1973 wurden jährlich ca. 300.000 Kinder nicht geboren, insgesamt über 12 Mill. Menschen. Das ist eine nationale Katastrophe, gegen die die beiden Weltkriege, wirtschaftlich betrachtet, nur kurze Störungen waren. Nach den beiden Kriegen bauten die Kinder der Gefallenen unser Land wieder auf. 21 Jahre nach dem Ende des Ersten Weltkrieges hielt man sich für stark genug, es noch einmal mit Krieg zu versuchen. Und obwohl der Zweite Weltkrieg in vieler Hinsicht schrecklicher war und große Teile des Landes zerstört worden waren, konnte man 20 Jahre danach davon ausgehen, dass in beiden Teilen Deutschlands der

Krieg wirtschaftlich weitgehend überwunden war.

Heute ist manches anders. Im Jahr 2012 wurden 106.815 Schwangerschaftsabbrüche gemeldet. Etwa 9 von 10 Abtreibungen werden vom Staat bezahlt. Welche Schizophrenie!

Unsere Häuser, unsere Kindergärten und Schulen werden nicht von Bomben zerstört, wir reißen sie selbst ab und nennen das zurückbauen.

Am 25.04.2014 meldete die „Rheinpfalz" gemäß afp/dpa, dass in den letzten 10 Jahren in Deutschland 6100 der allgemeinbildenden Schulen geschlossen wurden. Das entspricht einer Reduzierung von 15 %. Die allerklügsten „Gestalter" unserer Zukunft haben sogar einen schön klingenden Begriff für all die Einsparungen gefunden, die sich aus immer weniger Ausgaben für den Nachwuchs ergeben. Sie nennen das die „demografische Rendite". Damit werden Einsparungen bezeichnet, die durch sinkende Schülerzahlen im Bildungssystem entstehen, die aber dort verbleiben sollen, um die Bildung zu verbessern. So schreibt Prof. Dr. Thomas Straubhaar, dass sich durch die geringere Anzahl von Schülern in Klassen und weniger Studenten in Hörsälen die Ausbildung der Verbleibenden verbessern wird [54]. Aber woher kommen die Gehälter der Lehrkräfte? Meint er, dass diese - in der Regel Beamte - ihre Gehälter und Pensionen im gleichen Verhältnis selbst verringern, wie ihre Zuhörer weniger werden? Der Staat braucht doch das Geld für die Alten.

An den Fachhochschulen und Universitäten merken wir die Schrumpfung bis jetzt noch nicht, weil immer mehr junge Menschen - auch solche, die dafür wenig Fähigkeiten mitbringen - in akademische Berufe drängen.

---

[54] Straubhaar, S. 57

Das Ganze kommt seit nunmehr 40 Jahren auf uns zu. Weil es schleichend kommt, gewöhnt man sich daran und die Ursachen werden nicht erkannt, nicht bekämpft oder nur mit völlig ungeeigneten Mitteln. In den Gegenden, wo die Menschen abwandern, kann man aber die zukünftige Entwicklung, die ganz Deutschland erfassen wird, schon jetzt klar erkennen. Eigentlich müsste unsere neue Familienministerin Manuela Schwesig die Folgen im Osten Deutschlands gesehen haben. In einem Interview stellten ihr die Reporter Nicola Abé und Gordon Repinski des Magazins DER SPIEGEL 2013 die diesbezügliche Frage: *„Ist die Steigerung der Geburtenrate als familienpolitisches Erfolgsbarometer noch zeitgemäß?"*[55] Ihre entlarvende Antwort: *„Nein. Ob jemand eine Familie gründen will, ist eine individuelle Entscheidung. Wenn sich die Paare für Kinder entscheiden, die sich Kinder wünschen, wäre schon viel erreicht."* In DER SPIEGEL wird sie 2015 wie folgt zitiert: *„Die Entscheidung für ein Kind ist eine individuelle und auch von Faktoren abhängig, die Politik – zum Glück – nicht beeinflussen kann."*[56] Hat eine Politikerin oder ein Politiker keine Lösung, dann sehen sie auch kein Problem! Die Franzosen können sich „dieses Problem" allerdings leisten, denn sie haben offensichtlich eine Lösung! Dazu später mehr.

Noch eine Beobachtung zum Stichwort: Ursachen nicht erkannt oder nicht genannt: Am 19.02.2014 brachte der Sender Phoenix eine recht gut verständliche Untersuchung über die zu erwartende Altersversorgung der gegenwärtig jungen Erwerbstätigen. Befragt wurden auch zwei Professoren über die Ursachen der zunehmend geringer ausfallenden Renten. Einer von ihnen, Prof. Dr. Tilman Mayer, nannte allerdings nur die steigende Lebenserwartung. Er

---

[55] Magazin „Der Spiegel" 52/2013 S. 44 ff.
[56] Magazin „Der Spiegel" 12/2015 S. 22 ff.

sagte kein Wort zu dem fehlenden Nachwuchs, der zu etwa 70 % dafür verantwortlich ist. Die höhere Lebenserwartung kann durch ein späteres Renteneinstiegsalter teilweise kompensiert werden, aber Menschen, die nicht existieren, kann man nicht länger arbeiten lassen. Prof. Dr. Tilman Mayer ist seit 2010 Präsident der Deutschen Gesellschaft für Demographie. Er müsste die Wahrheit kennen. Warum sagt er nichts? Darf er nicht?

3. Was müssen wir ändern?

Umverteilung an die Falschen stoppen

Aus den ausgeführten Fakten geht hervor, dass unser Vater Staat seit 1957 eine gigantische Umverteilung an die Falschen betreibt.

Zunehmend profitiert in Deutschland von Kindern, wer keine hat. Deshalb brauchen wir nicht noch ein paar kleine Reförmchen, sondern eine Revolution, die den Sozialstaat so umbaut, dass ein gesunder Mensch im Laufe seines Lebens nicht mehr konsumiert, als er selbst erarbeitet hat. Sein Konsum sollte sogar etwas geringer sein, denn der Sozialstaat soll auch den Menschen ein menschenwürdiges Dasein ermöglichen, die für diese Selbstversorgerleistung zu schwach sind, und wir müssen auch daran denken, dass wir Deutschen nicht allein auf der Welt sind und unser Herz nicht verschließen sollten, wenn in anderen Teilen der Welt humanitäre Hilfe gebraucht wird.

Die Beantwortung der „Gretchenfrage"

Hier geht es um die Wahlfreiheit bei der Betreuung der Kleinkinder.

Die Frage an Vater Staat lautet: Ist dir das von den Eltern voll betreute Kind genau so viel wert wie das Kind, das werktäglich 8-9 Stunden in der Krippe versorgt wird?

Wenn wir die vom Staat übernommenen Kosten eines Krippenplatzes mit 1000 € monatlich ansetzen (Adrian setzt 800 € an. Das ist für eine gute Krippe zu wenig) und das Kindergeld von 190 € monatlich hinzuzählen, dann gibt der Staat für ein Krippenkind innerhalb von 36 Monaten 42.840 € aus.

Wird das Kind dagegen ganz von der Familie versorgt, sind das mit Kindergeld (190 € im Monat), plus ein Jahr Elterngeld (300 € im Monat), plus - um es vergleichen zu können - 24 Monate Betreuungsgeld (150 € im Monat), insgesamt 14.040 €. Das Krippenkind ist dem Staat also 28.800 € mehr wert. Das sind im Monat 800 €. (In den Ländern, die das Betreuungsgeld verweigern, sind das sogar 32.400 €, das heißt im Monat 900 € Differenz.) Nur Spitzenverdiener werden das über die Steuer kompensieren. Das heißt, für den Staat wäre es für ein Kind von Geringverdienern - und das sind die meisten Eltern – um 21.600 € billiger, das Elterngeld auf 400 € zu erhöhen und drei Jahre lang zu zahlen, statt in Krippen zu investieren. Erst bei ca. 600 € Einkommensteuer im Monat wird ein Gleichstand erreicht. Die Gewährung von Wahlfreiheit in dieser Frage würde den Staat keinen Cent mehr kosten. Das Geld, das im Haushalt für die Familien bereitgestellt wird, müsste nur mit der Vorgabe echter Wahlfreiheit aufgeteilt werden.

Ist die Erziehung von Kindern in der Familie eventuell aus ideologischer, weltanschaulicher Sicht gar nicht gewollt, dass hier so offensichtlich „unwirtschaftlich" gehandelt wird?

Umbau der Altersversorgung

Ein praktisches Beispiel kann uns helfen, zu verstehen, was zur

Rettung der Altersversorgung zu tun ist:

Eine große Wiese im Dorf ist Eigentum der Gemeinde. Alle wissen das. Aber nur arme Leute holen dort Futter für ihre Ziegen, Schafe und Kaninchen. So geht es über Jahrzehnte. Dann verdoppelt sich plötzlich der Milchpreis. Die Bauern des Ortes sind alarmiert und wollen mehr Milch produzieren. So bringt einer seine Kühe zum Grasen auch auf die Gemeindewiese. Die Kollegen folgen mit ihren Herden. Rasch ist das Gras abgefressen und die Grasnarbe zertrampelt. Die Folge: Niemand, weder die armen Leute noch die reicheren Bauern haben noch irgendeinen Nutzen.

Was bleibt dem Gemeinderat zu tun. Er kann entweder die Wiese an eine Person verpachten und ihr überlassen, was sie damit macht, oder er muss die Nutzung regeln, die Beweidung managen, damit wieder Gras nachwachsen kann.

Wenden wir das Beispiel an auf unsere Altersversorgung:

Als vor 50 Jahren nur 10 Prozent der Menschen keine Kinder hatten, gab es auf der Gemeindewiese noch keine Überweidung. Inzwischen sind es um die 30 %, und mit steigender Tendenz sind dabei viele Gutverdiener, die satte Pensionen erwarten. Wir brauchen also Privatisierung oder Management.

Bei der Altersversorgung haben wir nicht nur an Renten und Pensionen, sondern mit gleicher Gewichtung an die Versorgung bei Krankheit und Pflegebedürftigkeit zu denken. Betrachten wir aber zunächst ein Modell, das sich nur mit der Rente befasst:

Kinderrente und Vorsorgepflicht

Das ifo-Institut unter seinem früheren Direktor Prof. Dr. Dr. Hans-Werner Sinn hat darüber schon längere Zeit publiziert. Hier sollen einige Grundgedanken aufgegriffen werden, die Dr. Martin

Werding publiziert hat unter dem Thema: „Kinderrente und Vorsorgepflicht – Der ifo-Vorschlag zur Lösung der demographischen Krise des Rentensystems."[57]

In der Einleitung schreibt er: *„In der Rentenpolitik hat in den letzten Jahren endlich ein Gutteil des nötigen Realismus Einzug gehalten".* Das war damals im Jahr 2006 richtig, obwohl man bereits ab dem Jahr 2014 miterlebte, wie dieser Realismus sich wieder verflüchtigte, als mit dem untauglichen Argument *„wer 45 Jahre eingezahlt hat"* die Rente mit 63 Jahren genehmigt wurde.

Ein Schlüsselsatz bei Werding lautet Seite 44: *„Um die sich abzeichnende demographische Krise des Rentensystems zu bewältigen, müssen die Leistungen der gesetzlichen Rentenversicherung darüber hinaus* (über die Verlängerung des Renteneintrittsalters hinaus - Anm. des Autors) *jedoch viel stärker als bisher nach der Kinderzahl der Versicherten differenziert werden."*

Wenn andere „Experten", wie z.B. Prof. Dr. Bert Rürup dagegen argumentieren mit der Behauptung, dass es keine Beweise gibt für eine demografische Wirkung einer solchen Korrektur, dann muss ihm entgegengehalten werden: Selbst wenn das so wäre, ist der Umbau ein Gebot der Gerechtigkeit gegenüber den Eltern und ganz speziell den Müttern!

Eine Korrektur muss kommen - aber wie?

Werding auf Seite 45: *„Dass so konstruierte Rentensysteme den Anreiz Kinder aufzuziehen insgesamt schwächen und dadurch langfristig ihre Finanzierungsbasis aushöhlen, ist aus theoretischer Sicht offenkundig."* Zahlreiche Literaturhinweise sind im Original angegeben. Er setzt sich dafür ein, umlage-

---

[57] Werding, in ifo-Schnelldienst 7/2006, 59. Jahrgang

finanzierte Renten kinderbezogen zu differenzieren und beweist detailliert, dass durch die bisher erfolgten Rentenreformen ganze Jahrgänge durch Rentenabsenkungen in Haftung genommen werden, statt dass es die Verursacher trifft. Die Rente kinderreicher Eltern wird schließlich gemäß Rentenformel fast genauso gekürzt wie die der kinderarmen Eltern und Kinderlosen. Die bisherigen Rentenreformen versuchten nur den Mangel zu managen, setzten aber keinerlei Impulse für eine Korrektur der Ursachen.

Die Riesterrente mit Kapitalvorsorge ist auch nur eine untaugliche Therapie der Symptome, denn Familien mit durchschnittlichem Einkommen, die ihre Zeit und Geld in Kinder investieren, haben nicht auch noch Mittel übrig, um zusätzlich zu riestern. So sind es wieder die Verursacher des Problems, die durch private Vorsorge hoffen können, von den Folgen ihres Verhaltens weniger getroffen werden.

Werding empfiehlt nun im Jahre 2006 folgende Reformschritte:

1. *„Der Beitragssatz der Gesetzlichen Rentenversicherung wird auf dem derzeitigen Niveau eingefroren. Der Bundeszuschuss wird in Relation zu den Beiträgen ebenfalls fixiert (und bis 2035 sukzessive in das ergänzende System der „Kinderrente" übergeleitet). Die massive Verschiebung der Altersstruktur von Bevölkerung und Versicherten führt unter diesen Bedingungen langfristig zu einer noch deutlicheren Senkung des allgemeinen Rentenniveaus als nach derzeitigem Recht. Durch eine Heraufsetzung des gesetzlichen Rentenalters auf 67, die, wie derzeit bereits geplant, von 2011 bis 2030 Schritt für Schritt wirksam wird, wird dieser Effekt spürbar gemildert. Trotzdem sind zwei weitere Rentensäulen erforderlich, um eine insgesamt adäquate Altersvorsorge zu gewährleisten.*

2. *Kinderrente: Neben die herkömmliche Gesetzliche*

Rentenversicherung tritt zum einen eine Umlagerente für alle Bürger, die aus Beiträgen aller Erwerbstätigen finanziert wird und Leistungen an alle Eltern gewährt. Diese werden als einheitlicher Betrag je Kind bemessen und so abgestuft, dass sie bei GRV-Versicherten, die drei und mehr Kinder aufgezogen haben, die langfristig zu erwartende Absenkung des Rentenniveaus unter das heutige Niveau exakt ausgleichen.

3. Ergänzende Vorsorgepflicht: Zum anderen werden alle Versicherten verpflichtet, eine ergänzende kapitalgedeckte Altersvorsorge aufzubauen, die für kinderlose und kinderarme Personen den Rückgang des Rentenniveaus gleichfalls kompensiert. Ab dem Eintritt ins Erwerbsleben müssen sie dafür einen bestimmten Anteil ihres Bruttolohnes sparen. Bei der Geburt von bis zu drei Kindern wird jeweils ein Drittel des bis dahin angesammelten Vorsorgevermögens zur sofortigen Verwendung frei. Der maßgebliche Satz für die weitere Vorsorge reduziert sich ebenfalls um ein Drittel."

Als Ziel will Werding erstens erreichen, dass das gegenwärtige Rentenniveau für alle Rentenberechtigten nicht unerträglich weit abgesenkt wird, und zweitens soll das System gegenüber Eltern gerechter werden, weil die Mühen und Kosten, die sie in ihre Kinder investieren, nicht mehr vollkommen sozialisiert werden, sondern den Eltern ein größerer Anteil verbleibt.

Realistisch ist auch, dass nicht nach mehr staatlichem Zuschuss für die Renten gerufen wird, denn diesen müssten die Eltern wieder mitfinanzieren oder sogar ihre Kinder, nämlich dann, wenn der Staat wieder in die Neuverschuldung schlittert.

Versuchen wir nun den ifo-Vorschlag zu bewerten:

Hier wird eine Systemveränderung empfohlen, die mit den Begriffen Kinderrente und Vorsorgepflicht der Kinderlosen endlich einmal in die richtige Richtung weist, weil damit nicht nur Symptome der Misere therapiert werden, sondern die Ursachen in den Fokus kommen. Hauptsächlich die Verursacher sollen mehr bezahlen, nicht als Strafe, sondern weil es gerecht ist. Vollkommen richtig ist auch die Forderung nach einer Pflicht zur Vorsorge statt eines staatlichen Anreizsystems, dem man ausweichen kann, falls man sich für die alten Tage einfach auf die Sozialhilfe verlässt. Das System würde allen Menschen zum Bewusstsein bringen, warum es in Deutschland zunehmend bergab geht. Es würden sich wahrscheinlich mehr Menschen für Kinder entscheiden.

Die Ursachen der Misere werden eben nicht behoben, so lange eine Reform nur bewirkt, dass sich Menschen mit Kapital für ihr Alter absichern, aber nicht bereit werden zur Bildung von Humanvermögen!

Die „ifo-Kinderrente" macht es auch möglich, den Müttern bzw. denen, die die Arbeit an den Kindern leisten, einen größeren Anteil an der Rente zukommen zu lassen.

Diese Reform reicht aber nicht aus! Das wird nachfolgend begründet:

Die Umlagefinanzierung über die Bruttolöhne wird nicht beseitigt, sondern nur bei 19,5 % eingefroren. Es gibt aber leider keinen kausalen Zusammenhang zwischen dem, was jemand für die Altersversorgung seiner Elterngeneration geleistet hat und seiner Vorsorge für seine eigene Zukunft. Diese 19.5 % Ungerechtigkeit werden ins neue System hinübergerettet. Der Staatszuschuss bleibt, wenn auch eingefroren, erhalten. Beim Staatszuschuss ist aber nicht erkennbar, in wie weit die Eltern unverhältnismäßig daran mittragen. (Stichwort: Ökosteuer auf Treibstoffe – „Rasen für die Rente").

Außerdem soll allen Erwerbstätigen von ihrem Bruttolohn etwas abgezogen werden, mit dem die Rente der Eltern vor Reduzierung bewahrt wird. Das System bleibt deshalb undurchsichtig wie das bestehende, weil bei diesen Abzügen vom Bruttolohn die Eltern ebenso betroffen sind wie bei dem Zuschuss aus Steuermitteln. Hier wird trotz der guten Ansätze kein klares gerechtes System vorgestellt, sondern ein halbherziger Kompromiss, möglicherweise geboren aus der Angst vor dem Aufschrei der Medien, wenn sie die Reizworte Kinderrente und Vorsorgepflicht hören. Uns reicht aber eine solche Reform nicht mehr, sondern wir brauchen eine grundsätzliche Neugestaltung des Sozialstaates.

Möglicherweise hat Dr. Martin Werding - inzwischen Professor in Bochum - bei der Erstellung der Studie im Hinterkopf schon die Frage bewegt, wie denn ein solches System in der Politik durchgesetzt werden kann. Das Neue wird leichter angenommen, wenn sich nicht allzu viel ändert. Die Wissenschaft sollte aber erst einmal die Wahrheit auf den Tisch legen, umsetzen müssen die Neuerungen diejenigen, die dafür gewählt sind.

Dann gibt es noch einen Schwachpunkt: Das angesparte Vorsorgekapital soll Eltern zu je einem Drittel ausgezahlt werden, wenn die Kinder geboren sind. Das bewirkt einen Anreiz zu verspäteter Familiengründung, ist also ungünstig für die Behebung des demografischen Notstandes.

Drastisches Beispiel: Das dritte Kind wird geboren, wenn der Vater 55 und die Mutter 45 ist. Sie bekommen insgesamt Vorsorgekapital für fast 50 Jahre ausbezahlt, versorgen ihre Kinder, während sie erwerbstätig sind, nur eine relativ kurze Zeit, erhalten aber die volle Rente für drei Kinder. Eltern, die mit 25 Jahren schon drei Kinder haben, erhalten zwar die gleiche Rente, aber keine Rückvergütung.

Von den Pensionen ist nicht die Rede, obwohl es bei diesen keine

Pensionsformel gibt, die für eine Anpassung an die demografische Entwicklung sorgen würde. Die Pensionen rollen unverändert als Lawine auf den Staatshaushalt zu. Die Krankenkasse ist nicht im Blick, obwohl auch diese hauptsächlich umlagefinanziert ist. Das gleiche gilt für die Pflegeversicherung. Letzteres kann man aber Werding nicht vorwerfen, hat er doch nur das Thema Renten wissenschaftlich bearbeitet. Die Politiker sind aber für alle drei Systeme verantwortlich.

Familiengerechter Umbau der Sozialversicherung

Prof. Dr. Hermann Adrian hat sowohl die Pensionen als auch Kranken- und Pflegeversicherung in seine Reformvorschläge mit einbezogen.

Zunächst ist in Adrians Berechnungen vorgesehen, dass die Eltern wie heute üblich die Kosten für ihre Kinder selbst tragen. Eine Ausnahme sind das in der Modellrechnung auf 200 € monatlich erhöhte Kindergeld und die staatlichen Subventionen der Kinderkrippe und des Kindergartens.

Adrian hat sich noch nicht ganz vom gegenwärtigen System gelöst und lässt den Eltern ihre Altersversorgung über Rentenpunkte zukommen. Das ist aber nicht so entscheidend. [58]

1,5-Verdiener-Familie: 1 Elternteil mit 40.000, 1 Elternteil mit 30.000 Euro Einkommen / Jahr, die Familie erzieht zwei Kinder, Zeit zwischen Geburten drei Jahre, Alter der Mutter bei Geburt

---

[58] Online-Publikation der Deutschen Gesellschaft für Demographie e.V. - Nr.01/2013, S. 19

nahe 30 Jahre.

*"**Traditionelle Familie**"* wie in Beispiel 1 ausführlich beschrieben. (siehe S. 44)

1. Opportunitätskosten pro Kind: Verlust von 10 Jahren des geringeren Einkommens. Differenz im Netto-Einkommen 12.000 €/J, incl. Elterngeld, Ehegattensplitting und Minderung des Solidaritätszuschlags	120.000 €
2. Direkte Kosten pro Kind: 18 Jahre (550-200) €/Monat	75.600 €
Falls das Kind an Universität studiert: weitere 6 Jahre (700-250) €/Monat [a]	32.400 €
3. Kindabhängige Vorteile im Rentensystem relativ zu einem kinderlosen Paar (Rentenkreditpunkte)	30 Punkte
Rentenzahlungen von 30 x 31,33 €/Monat für 20 Jahre	-225.600 €
4. Kindabhängige Vorteile in der Krankenversicherung (2 % Gesamt-Brutto-Einkommen) und in der Pflegeversicherung (1 %) relativ zu kinderlosem Paar (1.200 €/Jahr x 30 Jahre)	-36.000 €
5. Unbezahlte Zusatzarbeit über Vollzeit hinaus. (Unbezahlte Familienarbeit ist unter 1. Berücksichtigt)	0 €
Netto-Kosten/Kind, durchschnittliches Einkommen, abgezinst auf Alter der Eltern 45 Jahre. [b]	0 €

[a] Kindergeld (200 €/Monat) bzw. die im Falle zweier Einkommen höhere Steuerminderung (250 €/ Monat) wurde abgezogen.

[b] Inflation wird nicht berücksichtigt und deshalb null gesetzt. Für den Realzins wurde 2 % pro Jahr angenommen.

2-Verdiener-Familie: 1 Elternteil mit 40.000 Euro/Jahr, 1

Elternteil mit 30.000 Euro Einkommen pro Jahr, Die Familie erzieht zwei Kinder, Zeit zwischen Geburten drei Jahre, Alter der Mutter bei Geburt nahe 30 Jahre.
„Moderne Familie" wie in Beispiel 2 ausführlich beschrieben.(siehe S. 45)

1. Opportunitätskosten pro Kind: 2. 1 Jahr Verlust von 1/3 des geringeren Netto-Einkommens (Elterngeld)	3.500 €
2 Jahre Ganztags-Kinderkrippe 300 €/M, sowie 3 Jahre Ganztags-Kindergarten 200 €/M [a]	14.400 €
2. Direkte Kinderkosten pro Kind: 18 Jahre (650-250) €/Monat [b]	86.400 €
Falls das Kind an Universität studiert: Weitere 6 Jahre (800-250) €/Monat [b]	39.600 €
3. Kindabhängige Vorteile im Rentensystem relativ zu einem kinderlosen Paar (Rentenkreditpunkte)	30 Punkte
Rentenzahlungen von 30 x 31,33 €/Monat für 20 Jahre	- 225.600 €
4. Kindabhängige Vorteile in der Krankenversicherung (2 % Gesamt-Brutto-Einkommen) und in der Pflegeversicherung (1 %) relativ zu kinderlosem Paar (2.100 €/Jahr x 30 Jahre)	- 63.000 €
5. Unbezahlte Zusatzarbeit für 2 Kinder vor und nach Tagesbetreuung, Wochenende, etc. 10 Jahre/Kind äquivalent zu halber Vollzeitarbeit (Haushaltshilfe voll steuerlich absetzbar)	100.000 €
Netto-Kosten/Kind, durchschnittliches Einkommen, abgezinst auf Alter der Eltern 45 Jahre. [c]	0 €

[a] Hinsichtlich der Tagesbetreuung pro Kind wird angenommen, dass der Staat die Vollkosten der Kleinkindbetreuung (0 bis 3 Jahre, 800 €/M) mit 500 €/M und die Vollkosten des Kindergartens (3 bis 6 Jahre, 500 €/M) mit 300 €/M subventioniert.

ᵇ Familien mit 2 erwerbstätigen Eltern verfügen über deutlich mehr Netto-Einkommen als 1,5-Verdiener-Familien. Sie geben deshalb im Durchschnitt mehr Geld für ihre Kinder aus als 1,5-Verdiener-Familien.

ᶜ Inflation wird nicht berücksichtigt und deshalb null gesetzt. Für den Realzins wurde 2 % pro Jahr angenommen.

Unter 4. hat Adrian eine familiengerechte Korrektur der Kranken- und Pflegeversicherung eingebaut. Seine Überlegungen führt er etwas detaillierter aus[59]: *„In der Gesetzlichen Pflegeversicherung ist die systemimmanente Bevorzugung der Kinderlosen noch wesentlich größer, da Kinderlose mit größerer Häufigkeit in teuren kommerziellen Pflegeeinrichtungen betreut werden müssen als alte Menschen mit Familie. Die nun geplante* - inzwischen erfolgte (Anmerkung des Autors) - *„Erhöhung des Pflegebeitrags der Kinderlosen von 1,7 % auf 1,95 % ist bei weitem nicht ausreichend, um die Kosten der Kinderlosen im Alter zu decken. Außerdem ist es doch völlig absurd, dass in dieser Reform der Pflegeversicherung die Beiträge nicht nach der Zahl der Kinder gestaffelt werden, als ob die Erziehung eines Kindes für die Pflege so viel wert wäre wie die Erziehung von zwei, drei vier oder noch mehr Kindern. Eine angemessene Reform müsste so aussehen: Kinderlose zahlen 2,5 % und für jedes Kind wird der Betrag um 0,5 %* (gemeint sind Prozentpunkte, Anmerkung des Autors) *reduziert..."* Diese Reduzierung hat er in die oben aufgeführte Tabelle eingearbeitet.

„Wiederum hat die Politik durch die beschlossene marginale Staffelung der Pflegeversicherungsbeiträge formal einem Urteil des Bundesverfassungsgerichtes (vom 3.4.2001) Folge geleistet, dem Geist des Urteils genügt diese Staffelung aber nicht. Tatsächlich ist die Politik sogar bestrebt, die vom

---

[59] Adrian, Die demografische, wirtschaftliche und soziale Lage Deutschlands, S. 18

Bundesverfassungsgericht beabsichtigte Entlastung sogar ins Gegenteil zu verkehren, weil man die finanzielle Verantwortlichkeit der Kinder und Enkel für ihre alten Eltern und Großeltern deutlich ausgeweitet hat. Den Kinderlosen bürdet man bei einem Monatsgehalt von 3200 Euro durch die zusätzlichen 0,25 % eine Belastung von ca. 8 Euro monatlich auf, im Laufe von 40 Arbeitsjahren summiert sich dies auf 480 x 8 Euro = 3840 Euro bzw. 480 x 0,25 % = 120 % eines Monatsgehaltes. Eltern von 2 Kindern verzichten jeden Monat jeweils auf mindestens 40 % eines Monatsgehaltes, also auf denselben Gesamtbetrag pro Person im Verlauf nur eines Vierteljahres. Wenn Kinderlose dann alt werden, fallen sie im Bedarfsfall der Allgemeinheit zur Last, während im Falle kinderhabender Alter die Kinder zunächst mal zahlungspflichtig sind, die Allgemeinheit also deutlich weniger in Anspruch genommen wird, was leicht mehrere Tausend Euro pro Person ausmachen kann.

Wichtig ist weiterhin zu erkennen, dass auch die gesetzliche Krankenversicherung zu etwa 70 % umlagefinanziert ist. Die jungen Erwerbstätigen zwischen 20 und 40 Jahren zahlen etwa vierfach höhere Beiträge, als diese Altersgruppe selbst an Kosten verursacht. Mit diesen Beitragsüberschüssen zahlen die jungen Beitragszahler nicht nur ihre Beitragsfreistellung als Kinder zurück (innerhalb von vier Jahren), sondern subventionieren insbesondere die hohen Krankheitskosten ihrer alten Eltern. Wiederum tritt auch hier das Problem auf, dass kinderlose Alte eben keine Kinder aufgezogen haben, die ihre hohen Kosten subventionieren. Im Falle der Krankenversicherung ist das Problem sogar noch gravierender als in der Rentenversicherung. Während in der GRV die Kosten nur linear mit der zunehmenden Lebenserwartung ansteigen, steigen die Kosten in der GKV und GPV stärker als linear an, da hochbetagte Menschen über 80

Jahre häufig wesentlich höhere Kranken- und Pflegekosten verursachen."

Auf diese Problematik wurde bei der Bewertung der beiden Grafiken von M. Werding und H. Hofmann schon hingewiesen (Siehe das Kapitel: Unverschleierte Kennzahlen). Folglich hat Adrian in seinen Tabellen die Beiträge für GPV und GKV in Relation zur Kinderzahl reduziert.

Auf Seite 19 der letztgenannten Arbeit beleuchtet Adrian die sogenannten versicherungsfremden Leistungen:

„Hält man sich vor Augen, dass Renten-, Kranken- und Pflegeversicherung nur funktionieren, wenn Kinder geboren und aufgezogen werden, so ist es geradezu eine Pervertierung, die mit Schwangerschaft und Geburt verbundenen Gesundheitskosten, das Mutterschaftsgeld und auch die durch Kindererziehung erworbenen Rentenleistungen als „versicherungsfremde Leistungen" zu bezeichnen."

Hier wendet er sich gegen das gleiche realitätsferne Denken, das hinter dem Vorwurf gegenüber der russlanddeutschen Familie steht, wenn man ihr vorhält, nichts in die deutsche Rentenkasse eingezahlt zu haben, obwohl sie vier Kinder mitbrachte.

Adrian weiter: *„Das Austragen und die Erziehung von Kindern ist die entscheidende Leistung für unsere Sozialsysteme. Nicht diese Leistungen sind versicherungsfremd, sondern die Gewährung von Leistung an kinderlose Alte. Heute bekommen Kinderlose ihre Rentenzahlungen und ihre Krankheits- und Pflegekosten zum weitaus überwiegenden Teil geschenkt, weil sie die entscheidende Leistung hierfür, das Aufziehen von 2 Kindern, nicht erbracht haben....*

Auf Seite 22 weiter: *„die gesetzliche Rentenversicherung ist keine Versicherung gegen Kinderlosigkeit, wie viele meinen. Wenn dies* *so wäre, dann wäre absichtliche Kinderlosigkeit Versicherungsbetrug, der den Erhalt von Leistungen ausschlösse. Die gesetzliche Rentenversicherung ist für die Alten eine Versicherung gegen undankbare oder leistungsunfähige Kinder, so dass sie ohne Versicherung wenig oder keine Unterstützung erhielten. Der Staat treibt auch von undankbaren Kindern Beiträge ein."*

Nach diesen eindeutigen und klaren Worten bringt er einen Vorschlag, der wohl nicht ganz ernst gemeint war, aber klar und deutlich demonstriert, dass ohne unser ganzes Sozialversicherungssystem nicht die Familien der Hilfe und Unterstützung bedürfen, sondern die Kinderlosen:

„Eine Möglichkeit, dem ewigen Streit zwischen Kinderhabenden und Kinderlosen aus dem Weg zu gehen, besteht in der Trennung der Renten-, Kranken- und Pflegeversicherung für Kinderhabende und für lebenslang Kinderlose. Die kinderhabenden Erwerbstätigen sorgen in diesem Modell für ihre alten Eltern und für ihre Kinder. Demzufolge gehen die Rentenbeiträge dieser Gruppe ausschließlich an die Eltern dieser Gruppe. Genauso die Überschüsse der Krankenversicherung und die Beiträge zur Pflegeversicherung...

Die lebenslang kinderlosen Erwerbstätigen sorgen für ihre alten Eltern und für die kinderlosen Alten. Die Rentenbeiträge der Gruppe der lebenslang kinderlosen Erwerbstätigen werden demzufolge auf die eigenen Eltern dieser Gruppe und auf die kinderlosen Rentner aufgeteilt. Damit das Rentenniveau nicht zu sehr absinkt, müssen die Beiträge angehoben werden, wodurch der Einkommensvorsprung der Kinderlosen etwas abschmilzt. Natürlich sind die Regelungen auch auf die Kranken- und Pflegeversicherung zu übertragen."

Dieses Modell gleicht einer Einweisung aller Kinderlosen in ein riesiges staatliches Kloster, in dem die jungen Nachrücker die Alten versorgen. An diesem Vergleich wird auch die Schwäche dieses Systems deutlich, allerdings nicht für Eltern, wohl aber für die Kinderlosen. Gibt es nämlich viele Junge, die ins „Kloster" eintreten, dann sind die Alten gut versorgt, werden es aber weniger, dann sind sie schlecht versorgt. Außerdem findet keine Vorsorge der Kinderlosen für ihr Alter statt. Sie lassen sich im Alter wieder durchfüttern, wenn auch von ihresgleichen. Deshalb halte ich diese Lösung für ungeeignet.

Wer immer noch nicht wahrhaben will, was Kinderlosigkeit für eine Gesellschaft bedeutet, der stelle sich bitte zwei Dörfer mit je 1000 Erwachsen vor. In dem einen Dorf gibt es keine Kinder, im anderen Dorf wachsen zusätzlich 200 Kinder unter 18 Jahren auf, die auch wieder so viele Kinder zeugen, dass die Bevölkerung erhalten bleibt. Wie wird man nach 40 Jahren im Dorf der Kinderlosen überleben?

Einige wichtige Ergänzungen und Alternativen

Bei der Rentenversicherung und den Pensionen, ebenso bei der Kranken- und Pflegeversicherung bedeutet das bisher Gesagte: Solange nur die Kinder später Renten zahlen und den größten Teil der Kranken- und Pflegekosten tragen müssen, dürfen auch nur diejenigen eine Versorgung im Alter durch Erwerbstätige erhalten, die Kinder aufgezogen haben. Das heißt, die Altersversorgung darf nicht mehr von den „Beiträgen" abgeleitet werden, sondern von der Zahl der aufgezogenen Kinder. Der entscheidende Pluspunkt für die Altersversorgung ist das Kind! Nur Menschen, die das Risiko und die Mühe, die Entbehrungen und Kosten für eigene Kinder nicht scheuen, haben ein legitimes Recht auf Versorgung im Alter. Nur wer sät, düngt und pflegt, kann ernten!

Jetzt kommen sofort die Einwände:

Warum wollen Sie die Menschen, die von Herzen gerne Kinder haben wollen und keine bekommen können, noch zusätzlich bestrafen? Dazu folgende Antwort: Die emotionale Haltung von Menschen, die sich Kinder wünschen und anderen, die keine wollen, ist grundlegend verschieden, aber ihre wirtschaftliche Situation ist im Durchschnitt die gleiche, denn sie müssen nicht für Kinder sorgen.

Das zweite Argument kommt auch fast immer: Die Kinderlosen haben doch einen Anteil an den Kosten und Mühen der Kinder getragen. Sie zahlen mehr Steuern. Wie bereits ausgeführt haben Werding und Hofmann diesen Anteil mit im Durchschnitt 15.4 % berechnet. Deshalb meinte auch ich zunächst, man müsste ihnen 15.4 % einer durchschnittlichen Altersversorgung zugestehen. Inzwischen schließe ich mich der Argumentation von Adrian an. Er stellt klar, dass die Kinderlosen in ihrem Ruhestand die Infrastruktur nutzen, die kulturellen - oft subventionierten – Angebote genießen, von Rettungsdiensten Hilfe erwarten, von Polizei und Militär geschützt werden, obwohl sie zu deren Aufrechterhaltung selbst nicht mehr in der Lage sind.

Adrian beschreibt ein für mein Verständnis revolutionäres, in seinen Grundzügen richtiges, ja sogar unausweichliches Altersversorgungssystem:[60]

"Gerecht wäre es deshalb, wenn die jungen Menschen ab dem 25. Lebensjahr etwa 12 % ihres Einkommens zusätzlich zu den Sozialabgaben, steuermindernd ansparen müssten, um daraus, falls sie kinderlos bleiben, im Alter ihren Lebensbedarf einschließlich Gesundheits- und Pflegekosten zu bestreiten.

---

[60] Adrian, Die ökonomischen Ursachen..., S. 17

Bekommen sie ein Kind, so erhalten sie die Hälfte ihres bisher angesparten Kapitals zurück und müssen weiterhin nur noch 6 % ansparen. Bekommen sie ein zweites Kind, erhalten sie ihr restliches Kapital zurück und müssen nichts mehr ansparen, denn nun werden ihre Alterskosten später durch die Beiträge ihrer beiden erwachsenen Kinder bezahlt. Dafür müssen sie natürlich die Kosten ihrer Kinder tragen. In diesem System würde eine Zunahme Kinderloser den Wohlstand alter Eltern nicht schmälern und die erwachsenen Kinder nicht zusätzlich belasten. Dieses System wäre „demografiefest". Zusammen mit der Einführung eines Familiensteuersplittings ergäben sich so verschwindende Netto-Kosten der Kindererziehung, wie in den (oben zitierten beiden Tabellen, Anm. des Autors) *dargestellt, und die Ausbeutung der Familien wäre beendet."*

Mit diesem Vorschlag ist Adrian kein weltfremder Radikaler. Mehrere Richter des Bundesverfassungsgerichtes äußerten sich im gleichen Sinne:

„Was die Sozialversicherung, insbesondere das System der Alters- und Hinterbliebenenversorgung betrifft, hat dieses sich noch weiter von den Verfassungsgeboten und Wertvorstellungen des Grundgesetzes entfernt als *das Steuerrecht."*[61]

„Solange sich die Kinderlosen überhaupt nicht am finanziellen Kindesunterhalt beteiligen, gebührt die im Rahmen des Generationenvertrages erbrachte Alterssicherung ausschließlich den Eltern; die übrige Bevölkerung müsste für ihr Alter durch sonstige Vorkehrungen, z. B. eine Lebensversicherung, vorsorgen."[62]

---

[61] Wolfgang Zeitler, ehemaliger Präsident des Verfassungsgerichts (im Handbuch des Verfassungsrechts 1983 Seite 605)

[62] Paul Kirchhof, 1986 ehemaliger Richter am Bundesverfassungsgericht (Ehe und Familie im staatlichen und kirchlichen Steuerrecht; Essener Gespräche 21

„Es kann nicht sein, dass ein Ehepaar – bei dem nur der eine ein Leben lang ein Gehalt oder einen Lohn einsteckt – Kinder aufzieht und am Ende nur eine Rente bekommt. Auf der anderen Seite verdienen zwei Ehepartner zwei Renten. Und die Kinder des Paares, das nur eine Rente bekommt, verdienen diese beiden Renten mit. Das ist ein glatter Verfassungsverstoß."[63]

Demografiefestigkeit oder eine die Bevölkerung erhaltende Politik

Der Begriff „Demografiefestigkeit" ist relativ neu und wahrscheinlich auch eine Frucht der Arbeiten von Prof. Dr. Herwig Birg und Kollegen. Er hat gesagt, dass das Thema Demografie so lange auf die Agenda gesetzt werden muss, bis sich etwas ändert.

Allerdings versteht man gegenwärtig unter dem Begriff Demografiefestigkeit nicht immer das Gleiche. In der Politik und Unternehmensberatung spricht man von Demografiefestigkeit, wenn Maßnahmen ergriffen werden, die auf die neue Situation vorbereiten, um mit demografischen Veränderungen (weniger junge Menschen / Zunahme des relativen Anteils der Alten) umzugehen und diese möglichst vorausschauend positiv zu gestalten. Das heißt, man nimmt die Veränderungen als gegeben hin und versucht sich darauf einzustellen.

Adrian spricht dagegen von einem demografiefesten Altersversorgungssystem, wenn alle finanziellen Impulse zur Förderung eines kinderlosen Lebensentwurfs beseitigt sind, sodass

---

(1986), Seite 14)

[63] Roman Herzog, Präsident des Bundesverfassungsgerichts von 1987 – 1994, Bundespräsident von 1994 – 1999 Aus: „Gesichertes Leben", Zeitschrift der LVA Baden; 4/1996, Seite 4

dieses gegenüber Eltern und Kinderlosen gerecht ist.

Wir wissen aber nicht, ob die Beseitigung der „negativen Impulse" schon ausreicht, um die Geburtenrate dauerhaft auf 2,1 Kinder je Frau anzuheben. Es ist schließlich auch eine Frage, ob die gesamtgesellschaftliche Situation so ist, dass Ab- und Zuwanderung sich die Waage halten. Deshalb ist für mich ein System erst dann demografiefest, wenn es wirklich bevölkerungserhaltend ist und auch dauerhaft so viele Kinder im Land geboren werden, dass die Bevölkerung sich aus eigenem Nachwuchs reproduziert. Es kann sein, dass vor allem dann, wenn die negativen Folgen des Nachwuchsmangels in den kommenden Jahren voll durchschlagen, noch mehr getan werden muss, als nur Gerechtigkeit zwischen den verschiedenen Lebensentwürfen herzustellen. Das heißt, dass erwünschte Lebensentwürfe wirklich gefördert werden müssen.

In diesem Zusammenhang scheint mir ein Aspekt besonders wichtig. Das Erwerbsleben erfordert von den Arbeitnehmern zunehmend mehr Flexibilität verbunden mit Wohnsitzwechsel. Das ist eine Belastung für Eltern und Kinder.

Birg schreibt dazu sehr treffend:[64] *„Die aus den Zwängen des Arbeitsmarktes entstehende Unsicherheit in der Biographie des Mannes und die durch gute Ausbildung gewonnene wirtschaftliche Selbständigkeit der Frauen hat die Versorgungsehe als Beispiel des traditionellen Lebensverlaufs stark zurückgedrängt. Die weiblichen Biographien unterliegen heute der gleichen, durch Wirtschafts- und Arbeitsmarktdynamik bedingten biographischen Unsicherheit wie die der Männer. Die Dynamik der ökonomischen Veränderungen wird in der offiziellen Rhetorik unserer*

---

[64] Birg, Die alternde Republik und das Versagen der Politik, S. 76 f.

Wirtschaftsgesellschaft als etwas Positives dargestellt, gleichwohl wird aber die damit verbundene biographische Unsicherheit von Menschen als zerstörerischer Zwang empfunden."

Deshalb sollten alle Gesetze auf Familientauglichkeit geprüft werden. Für eine Familie ist es zum Beispiel eine Belastung, wenn sie wegen berufsbedingtem Wohnortwechsel ihr Eigenheim verkaufen muss und beim Erwerb von Ersatz bis 5 % Grunderwerbsteuer anfallen.

Gute Firmen von ausreichender Größe sollten die Frage nach der Familiensituation stellen. Wenn die Firma den Mann unbedingt haben will, dann muss sie der Frau ebenfalls eine Arbeitsstelle bieten.

Für den Staat blieben über das Kindergeld oder Steuervergünstigungen immer noch genügend Möglichkeiten, Einfluss zu nehmen. So fördern zum Beispiel die Franzosen über die Steuer ganz gezielt das 3. Kind. Interessant ist, dass sie jedes Jahr eine Erfolgskontrolle durchführen. Am 15. Juni 2013 sagte die ehemalige französische Familienministerin unter Staatspräsident Sarkozy, Madame Nadine Morano, in ihrem Vortrag bei der Konrad-Adenauer-Stiftung in Mainz, dass jedes Jahr im französischen Parlament bekannt gegeben wird, wie viele Kinder in Frankreich im abgelaufenen Jahr geboren wurden. Sie stellte auch klar, dass für sie Familienpolitik keine Sozialpolitik sei, sondern immer Bevölkerungspolitik.

Folglich ist eben auch unsere deutsche Familienpolitik, obwohl sie als Sozialpolitik verkauft wird, in ihrer Auswirkung seit 1957 Bevölkerungspolitik mit den im Vergleich zu Frankreich desaströsen Folgen! Wir schaffen uns durch Mangel an Nachwuchs ab. Das müssen wir ändern!

Gleiches Altersversorgungssystem für alle

Jeder im deutschen Wirtschaftsraum Tätige, auch alle Selbständigen, Beamten und Abgeordneten sollten in das gleiche Altersversorgungssystem eingebunden werden, denn auch der Milliardär kann mittellos werden und dann auf Hilfe angewiesen sein. Für die Beamten reicht das Privileg aus, auf Lebenszeit angestellt zu werden. Ihre Altersversorgung muss allen anderen abhängig Beschäftigten angeglichen werden.

Gegenwärtig können manche Berufe Mitglied in berufsständischen Versorgungskassen werden, die mit Kapitaldeckung arbeiten und deshalb günstiger sind. Das funktioniert z.B. wie folgt: Plötzlich befindet sich an der Wohnungstür des fest angestellten Juristen ein Schild. Er eröffnet nebenbei eine Kanzlei. Dort geschieht herzlich wenig. Aber der formal „Selbständige" kann jetzt in die Versorgungskasse für selbständige Rechtsanwälte eintreten. Weil diese mit Kapitaldeckung ausgestattet ist, zahlt er viel weniger Beitrag. Die Versorgung seiner alten Eltern überlässt er denen, die treu und brav ihre Beiträge entrichten. Hier handelt es sich um ein „Auswandern" aus dem System ohne Wohnsitzwechsel. Später werden wir das wirkliche Auswandern und seine Folgen beleuchten.

Eine freiwillige Zusatzversorgung ist selbstverständlich jedem zu gestatten.

Altenversorgungssteuer von allen Einkommensarten

Richtig ist auch die konsequente Abkehr von der Erhebung von Beiträgen auf die Bruttolöhne und ein Ersatz durch Einführung einer Altenversorgungssteuer. Diese Steuer sollte auf alle Erwerbseinkommen und ebenso auf Kapitalerträge wie Dividenden,

Mieteinnahmen und Zinsen erhoben werden. Da es eine Steuer ist, gibt es keinen Grund für Bemessungsgrenzen, sondern eher für Progressionen. Der Ertrag dieser Steuer darf dann nach erfolgter Systemumstellung nur noch verwendet werden für die Personen, die Kinder aufgezogen haben, denn die Kinderlosen müssen aus ihrem angesparten Kapital versorgt werden. Adrian bleibt in seinen Überlegungen zur Berechnung der Höhe der Rente bei dem System der Rentenpunkte. Ich meine, wir sollten zu dem System „Ein Kind ein Punkt" übergehen. Es ist eindeutiger. Ein Punkt bedeutet dann Anspruch auf durchschnittliche Altersversorgung aus dem Topf, der von der Altenversorgungssteuer gefüllt wird. Damit ist aber noch nichts gesagt über den Wert des Punktes. Gegenwärtig steht unsere Rente bzw. Pension im Verhältnis zum Bruttoverdienst. Das fiele dann völlig weg. Um den Wert des Punktes festzulegen, das heißt des Rechtes auf durchschnittliche Versorgung im Ruhestand, stehen wir vor der gleichen Frage wie Schreiber und Adenauer 1957. Durch einen demokratischen Prozess müsste erstens ausgehandelt werden, wie hoch die „Altenversorgungssteuer" sein soll und wie sie aufgeteilt wird für:

- Ruhestandsgeld
- Krankenversorgung
- Pflege

Bei der Versorgung mit Geld für den Ruhestand (heute Rente bzw. Pension) muss bedacht werden, wie Sozialhilfeempfänger gestellt werden sollen. Wenn wir die Altersversorgungsansprüche - das Wort Rente sollte verschwinden! - von der Zahl der Kinder ableiten, treten natürlich noch einige Probleme auf.

Lebenslange Sozialhilfeempfänger, die Eltern sind, erhalten ja die Kinderkosten teilweise oder ganz vom Staat ersetzt. Trotzdem haben sie das Risiko der Geburt, die Sorgen, Arbeit und die Mühen mit den Kindern. Das muss berechnet werden und sollte dann zu einem reduzierten Altersruhegeld führen (mittlere Stufe), das aber immer noch höher sein muss als die Versorgung von kinderlosen lebenslang Sozialhilfe Empfangenden (niedrigste Stufe). Deshalb sind drei Stufen oder Klassen erforderlich:

1: Höchste Stufe für Personen, die Kinder ohne Sozialhilfe aufgezogen haben

2: Mittlere Stufe für Personen, die Kinder mit Sozialhilfe aufgezogen haben.

3: Niedrigste Stufe für Personen, die weder Kinder aufgezogen haben noch Altersvorsorge betreiben konnten (absolute Sozialhilfeempfänger).

Noch einmal zur eindeutigen Klärung: Die Kinderlosen hätten in ihrer Zeit der Erwerbstätigkeit wie alle anderen die Altenversorgungssteuer für die Generation ihrer Eltern (Eltern hatten alle!) zu entrichten, aber ihre eigene Altersversorgung erfolgt später aus dem angesparten Kapital des Altenversorgungsfonds der Kinderlosen und Ein-Kind-Eltern.

Komplette Selbstvorsorge der Kinderlosen für ihr Alter

Sobald jemand Einkommen – nicht nur Lohn/Gehalt - erzielt, sollte die Steuer zur Versorgung der zu diesem Zeitpunkt im Ruhestand befindlichen alten Generation erhoben werden. Solange jemand keine Kinder hat, muss er zusätzlich beginnen mit dem Ansparen von Kapital für sein eigenes Alter. Hier nennen Adrian und Werding das 25. Lebensjahr. Warum nicht von dem Zeitpunkt an, wenn jemand Einkommen erzielt? Man denke an Kapitaleinkünfte und Mieten, aber auch an die erzieherische Wirkung, wenn junge Menschen frühzeitig in die Pflicht genommen werden. Sobald das erste Kind geboren ist, zahlt das

Elternpaar nur noch die Hälfte in den Vorsorgefonds, weil es zur Hälfte auf Versorgung durch sein Kind hoffen kann. Mit dem zweiten Kind endet die Vorsorgepflicht.

Man könnte auch, wie Werding, die Vorsorgepflicht erst beim 3. Kind enden lassen. Für die demografische Entwicklung wäre das zweifellos von Vorteil. Da sind aber wahrscheinlich juristische Einwände zu befürchten, weil statistisch schon bei 2,1 Kindern die Reproduktion der Bevölkerung gesichert ist.

Die Kinderlosen sorgen bis zum Eintritt in die Altersversorgung weiter durch Kapital vor, Eltern durch ihre Kinder. Im Prinzip könnten, wie Adrian und Werding schreiben, sich die Eltern das angesparte Kapital bei der Geburt ihrer Kinder entweder auszahlen lassen oder als Zusatzversorgung für später stehen lassen.

Das hat allerdings folgenden Nachteil: Wenn Leute erst spät Eltern werden, dann hätten sie einerseits schon viele Jahre in die Altersversorgung für Kinderlose eingezahlt, andererseits beziehen sie gegebenenfalls bereits Altersversorgung, wenn ihre eigenen Kinder noch keine Altenversorgungssteuer zahlen. Darauf wurde schon bei der Bewertung der „ifo-Kinderrente" hingewiesen. Später wird vorgerechnet, wie lange lebenslang Kinderlose in den Versorgungsfonds einzahlen müssen, um ein ausreichendes Vorsorgekapital zu bilden. Deshalb sind diejenigen, die nach dem 25. Lebensjahr Eltern werden, anteilig aus dem Fonds der Kinderlosen und aus den Einzahlungen ihrer Kinder zu versorgen. Das heißt, eine Auszahlung des angesparten Kapitals wäre nur für den Teil möglich, der vor dem 25. Lebensjahr eingezahlt wurde.

Zur Verdeutlichung folgendes Beispiel:

Ein Ehepaar bekommt sein zweites Kind, wenn der Vater 30, die Mutter 25 Jahre alt ist. Beide Eltern erhalten das Kapital, das sie vor dem 25. Lebensjahr in die Altenversorgung gezahlt hatten, je zur Hälfte bei der Geburt ihrer zwei Kinder rückerstattet. Die Altersversorgung (Ruhegeld, Krankenversorgung, Pflege) des Vaters wird teilweise bestritten aus seinem Beitrag, den er 5 Jahre lang an den Versorgungsfonds für Kinderlose entrichtet hatte, und zum größeren Teil von den Altenversorgungssteuern der nachwachsenden Generation.

Die Mutter hat nach dem 25. Lebensjahr nichts in den Versorgungsfonds für Kinderlose eingezahlt. Ihre Altersversorgung wird komplett durch die Altersversorgungssteuern der nachfolgenden Erwerbstätigen aufgebracht.

Paare mit einem Kind zahlen die Hälfte in den Versorgungsfonds und werden dann im Ruhestand jeweils zur Hälfte aus dem Vorsorgefonds und durch die Altenversorgungssteuer der nachfolgenden Generation versorgt.

Nutzung des Vorsorgekapitals für Nachwuchsförderung

Nachdem ich Freunden ein ähnliches Konzept vorgestellt hatte, kam folgende Kritik:

Das Kapital, das die Kinderlosen für ihr Alter anzusparen verpflichtet sind, vagabundiert in der Welt herum und sucht nach sicheren Anlagemöglichkeiten. Es ist großen Risiken ausgesetzt und bleibt für die Behebung des demografischen Notstandes ungenutzt.

Deshalb folgender Vorschlag: Dieses Kapital in einem bestmöglich staatlich und durch gewählte Vertreter kontrollierten Topf wird wie folgt nutzbar gemacht: Alle Eltern, die mehr als zwei Kinder haben, können sich dort Geld für das Aufziehen und die Ausbildung ihrer Kinder beschaffen, die über die gegenwärtigen Programme nicht gewährt werden. Als Gegenleistung verzichten sie auf einen angemessenen Anspruch auf Altersversorgung, die sie nach einem Punktesystem an die Kinderlosen abtreten. Das Kapital der Kinderlosen wäre dadurch genauso durch Humankapital gesichert wie die Versorgung der Leute, die Kinder haben. Allerdings darf diese Abtretung nicht für das erste und zweite Kind erlaubt werden, weil dadurch bei den Eltern Armut im Alter entstehen würde.

Man kann sich vorstellen, dass immer dann, wenn Kapitalanlagen wenig Rendite abwerfen, eine solche Abtretung im Wert steigt und bei guten Kapitalerträgen eher sinkt.

Blicken wir an dieser Stelle noch einmal zurück auf die Berechnungen von Adrian: Gegenwärtig muss die Familie, die zwei Kinder aufzieht, im Laufe ihres Lebens im Durchschnitt 200.000 € an kinderlose Paare abgeben. Dieser Verlust wäre nicht mehr gegeben, sobald Kinderlose selbst für ihr Alter vorsorgen. Das kinderlose Paar, das komplett für sein Alter vorsorgt und das Paar mit zwei Kindern wären also der durchschnittliche Standard. Das Aufziehen von zwei Kindern ist sozusagen die normale Lebensleistung eines Paares. Alle Paare mit drei und mehr Kindern müssten abweichend von diesem Standard für jedes zusätzliche Kind 300.000 € mehr aufwenden. Ihre Altersversorgung wäre dann pro Kind um 50 % erhöht. Es wäre aber für viele Eltern nicht einfach, diese Mittel aufzubringen. Hier liegt der wichtigste Grund dafür, dass es immer weniger Familien mit mehr als zwei Kindern gibt! Deshalb könnten diese Eltern, wenn sie das wollen, finanzielle Hilfe aus dem Vorsorgefonds der Kinderlosen beziehen und als Gegenleistung auf die zusätzliche Altersversorgung verzichten. Das dritte oder vierte Kind würde seine Eltern dann nicht mehr, wie es heute häufig der Fall ist, zum Sozialamt treiben. Gleichzeitig fände dadurch keine eingebildete, sondern eine echte Vorsorge der Kinderlosen in Form von Humankapital statt.

Aber wie kann man Missbrauch verhindern? Was ist, wenn sich

Kinderreiche Geld beschaffen, nicht zweckdienlich einsetzen oder damit verschwinden? Mit einer Ausbildungskreditbank und entsprechender Kontrolle wäre das weitgehend zu verhindern. Die Erfahrung von Banken bei der Absicherung von Krediten kann man nutzen.

Entlastung von kinderreichen Familien

Adrian hat an anderer Stelle klar berechnet, dass Kinder mit vielen Geschwistern im Vergleich zu Einzelkindern noch stark an der „Familienlast" tragen. Bei besitzlosen Eltern ist das kein Thema, aber ganz besitzlos sind die meisten Leute bei uns nicht. Das sei demonstriert an zwei Bauernfamilien mit jeweils einem Kind: Wert des Hofes jeweils eine Million. Die Kinder heiraten und kommen so ohne Arbeit durch Erben zu einem gemeinsamen Vermögen von zwei Millionen. Zwei andere Bauern haben jeweils vier Kinder. Es sind insgesamt vier Mädchen und vier Buben. Der Wert der Bauernhöfe ist gleich. Wenn sie sich gegenseitig heiraten, erbt jedes Paar 500.000 €, das heißt keiner der Betriebe ist mehr existenzfähig.

Man könnte jeweils die vier Kinder etwas entlasten, indem man von allen nur den Anteil für die Altenversorgung abzieht, wie ihn zwei Kinder zu erbringen hätten.

Die Grenzen des Systems

Die in den letzten beiden Punkten genannten Möglichkeiten könnten natürlich im gleichen Fall nicht beide zur Anwendung kommen. Die Eltern müssten wählen zwischen dem Normalfall, das heißt hoher Altersversorgung für sich selbst, oder Erziehungs- und Ausbildungskredit für die Kinder oder Reduzierung der

Belastung ihrer Kinder auf das Normalniveau von Eltern, die zwei Kinder haben.

Kinderreiche Eltern

Ein weiteres Problem entsteht bei besonders kinderreichen Eltern. Sie haben dann Anspruch auf eine außerordentlich hohe Altersversorgung. So lange Kinder aber dringend gebraucht werden, das heißt die Geburten die Sterbenden noch nicht ersetzen, ist dagegen kein stichhaltiges Argument zu finden. Das Problem von zu vielen Geburten ist gegenwärtig in Deutschland ein utopisches. Trotzdem darf kein Gesetz geschaffen werden, das eine solche Entwicklung völlig unberücksichtigt lässt. Man sollte nicht den gleichen Fehler wie Adenauer mit umgekehrtem Vorzeichen machen.

Die Ansprüche der Eltern könnten zunächst bei vier oder fünf Kindern gedeckt werden. Das kann natürlich jederzeit korrigiert werden. Bei einer Änderung diesbezüglicher Gesetze muss jedoch ein Bestandsschutz der Zusagen garantiert werden, das heißt die Neuregelung sollte erst ein Jahr nach Inkrafttreten des Gesetzes greifen.

Ziel aller Maßnahmen sollte allerdings sein, dass möglichst alle Bürger zwei oder drei Kinder haben. Unter den Verhältnissen, die wir selbst geschaffen haben, ist diese Lebensleistung von Familien mit durchschnittlichem Einkommen, wenn auch mit großer Anstrengung, doch noch irgendwie ohne fremde Hilfe zu schaffen. Was Wilfrid Schreiber in den 1950er Jahren für die Arbeitnehmer erkannte, dass sie der große Durchschnitt sind, der von niemand außerhalb eine substantielle Hilfe erwarten kann, das gilt heute ebenso für die Familien, besonders, wenn alle Kinderlosen verpflichtet würden, für ihr Alter selbst vorzusorgen.

Um die Eltern und Großeltern anzuregen, ihre Kinder und Enkel bestmöglich zu fördern, sollten nicht die gesamten Altenversorgungssteuern der im Erwerbsleben Stehenden in den großen Topf geleitet, sondern ein Teil an ihre Eltern ausgezahlt werden. Der eine Teil der Altersversorgung ist dann bemessen nach der Zahl der Kinder und in der Höhe bestimmt durch den Durchschnitt, der andere durch die tatsächliche Altenversorgungssteuerleistung der eigenen Kinder. Dahinter steht folgender Gedanke: Begabung und Leistungsfähigkeit der Kinder sind vorwiegend Schicksal. Außerdem gibt es heute beginnend in Kindergarten und Schule über die Medien viele Miterzieher. Eltern kann man deshalb nicht voll und ganz für das verantwortlich machen, was aus ihren Kindern wird, aber einen Anteil haben sie und das sollte sich in ihrer Altersversorgung auswirken.

Probleme durch Migration

Dieses Thema gehört eigentlich nicht in erster Linie zu den hier behandelten Fragen, hilft aber, die gesamte Problematik zu erhellen. Deshalb einiges zum Grundsätzlichen:

Migration in fremde Staaten führt zu massiven Lastenverlagerungen zwischen den Volkswirtschaften. Ein Beispiel: Die Eltern und die deutsche Gesellschaft haben eine halbe Million in die Ausbildung eines Studenten investiert. Sobald er seine Ausbildung als Facharzt abgeschlossen hat, heuert er in einem Schweizer Krankenhaus an. Dort hat man den „Nutzen des Humanvermögens".

Freizügigkeit kann doch nicht bedeuten, dass man weder dem Vaterland noch den Eltern seinen Dank abstattet und deren Versorgung anderen überlässt. Staaten wie die USA, die viele sehr gut Ausgebildete anlocken, machen dabei große Gewinne. Bei uns versucht man das inzwischen auch, allerdings mit mäßigem Erfolg. Deshalb der Vorschlag, dass zumindest alle ihren Anteil, der an die Eltern geht, weiter zu leisten haben, auch wenn sie nicht mehr in Deutschland erwerbstätig sind. Für die Zukunft wäre anzustreben, dass die Staaten diese Verluste und Gewinne gegenseitig verrechnen. Das wäre eine Bilanzierung des „Humankapitals" und könnte den neuen Kolonialismus durch Menschenabwerbung einschränken. Man sage nicht, dass das utopisch ist. Bei der Lohnsteuer geht das, wenn einer in verschiedenen Ländern in der EU oder in den USA arbeitet.

Ab welchem Lebensalter ist Familiengründung sinnvoll?

Ein Aufschieben der generativen Phase ist von Nachteil. Junge Frauen gebären leichter. Die Generationen-Folge wird durch spätere Familiengründung verlangsamt. Das ist ein demografischer Nachteil.

Die erschreckende Zunahme der Kaiserschnitte in den deutschen Krankenhäusern mag teilweise daran liegen, dass die Krankenhäuser damit den Umsatz erhöhen wollen, hat aber seine Ursache sicher auch in dem hohen Alter der Erstgebärenden.

Wir brauchen also einen starken Anreiz für vorverlagerte Familiengründung – gleich nach der Lehre, vor das Studium der Frau oder vielleicht in das Studium? Die DDR hat in den 1970er Jahren gezeigt, dass Kredite zur Eheschließung und bevorzugte Wohnungszuweisung etwas bewirken können, zumal man die Kredite „abkindern" konnte.

Wenn ein Kind der Gesellschaft einen finanziellen „Nutzen" von ca. 100.000 € bringt, dann ist mit dieser Summe auch gleich der Rahmen abgesteckt, in dem frühe Familiengründung angeregt werden könnte, ohne gesamtwirtschaftliche Nachteile hervorzurufen. Siehe dazu die Arbeit von Werding.[65]

Wir hätten dann auch jüngere Großeltern mit allen Vorteilen für die Enkel.

Bei Ehescheidung

Grundsätzlich würden die Eltern von ihrem Kind je eine Hälfte des Rentenanspruches erwerben. Dadurch hätte erstmalig nicht nur die erwerbstätige Frau, sondern auch die Frau als Mutter gleiche Rechte im Sozialsystem. Man muss sich wirklich fragen, warum die Kämpferinnen für die Emanzipation der Frauen diese Forderung noch kaum, zumindest sehr selten, erhoben haben. Es sind doch immer weniger die kinderlosen Frauen, die ausgebeutet werden, sondern die Mütter! Dr. Jürgen Borchert schrieb diesbezüglich in der Zeitschrift „DIE ZEIT" 10. Januar 2002 unter anderem wie folgt: *„Der übergreifende Fehler der familienpolitischen Gesetzgebung wurzelt in der Tatsache, dass man die Frauenfrage von der Kinderfrage zu trennen, sie nachgerade zu vermännlichen suchte. Das Ergebnis unseres hochmodernen Rechts ist noch immer pures Patriarchat."* Und das nach so viel Kampf für die Emanzipation der Frau und einem Heer von Gleichstellungsbeauftragten!

Wenn wir die Altersversorgung von der Zahl der Kinder ableiten, muss im Falle einer Scheidung berechnet werden, wer wie lange für die Kinder gesorgt hat. Dabei ist zunächst einmal davon auszugehen, dass beide Eltern gleiche Anteile haben, unabhängig davon, wer mehr Erwerbseinkommen in die Partnerschaft eingebracht hat. Werding hat hierfür den Begriff „ökonomische Elternschaft" verwendet. Folglich erwirbt jede Frau und jeder

---

[65] Vgl. Werding: Familien in der gesetzlichen Rentenversicherung.

Mann seine individuellen Ansprüche auf Altersversorgung durch das Aufziehen von Kindern oder, wer keine hat, aufgrund seiner Vorsorge durch Ansammlung von Kapital. Bei Wiederverheiratung bringt jeder Partner nur seinen eigenen Anspruch auf Altersversorgung ein. Auch das Problem der „Onkelehen" wäre vom Tisch oder hätte zumindest seinen finanziellen Anreiz verloren. (Der Volksmund bezeichnet es als „Onkelehe", wenn ein verwitweter Mann und eine verwitwete Frau unverheiratet zusammenleben, um den Versorgungsanteil von ihrem verstorbenen Ehepartner zu behalten.)

4. Der gerechte und volkserhaltende Sozialstaat

Wem gehören die Kinder?

Ziel sollte der Sozialstaat sein, indem so viele Kinder geboren werden, dass sich die Bevölkerung aus eigener Kraft reproduziert.

Das ist schon seit fast fünf Jahrzehnten in Deutschland nicht mehr der Fall. Das umfangreiche Feld der ideologischen Gründe haben wir nicht beackert, sondern uns auf die wirtschaftlichen beschränkt. Um auf den Grund zu gehen, muss die Frage beantwortet werden, wer denn eigentlich ein „Recht auf den Nutzen" der Kinder hat.

Dazu sind drei gängige Meinungen mit kleinen Varianten verbreitet:

1. Die Kinder sind unser aller Kinder, denn die ganze Gesellschaft sorgt für sie und deshalb sind sie auch für alle Alten verantwortlich.

2. Kinder können dann für alle Alten mit verantwortlich gemacht

werden, wenn sich alle im Wirtschaftsraum Tätigen zu gleichen Teilen an den Kosten der Kinder beteiligen.

3. Kinder sind nur für die Unterstützung ihrer Eltern oder der Personen da, die für sie Elternpflichten übernommen haben. Kinderlose müssen selbst dafür sorgen, dass sie im Alter den Kindern fremder Menschen nicht zur Last fallen.

Was lässt sich von den drei Aussagen begründen?

An Meinung Nr. 1 wäre etwas dran, wenn Meinung Nr. 2 schon verwirklicht wäre. Später wird noch einmal mit Zahlen nachgewiesen, wie wenig das gegenwärtig zutrifft.

Meinung Nr. 2 ist unter Kinderlosen verbreitet, die einfach davon ausgehen, dass sie sich schon angemessen an den Kinderkosten beteiligen. Es gibt aber auch Eltern, die dieser Meinung sind obwohl sie wissen, dass das noch nicht so ist, also noch erkämpft werden muss. Zu ihnen gehören die Befürworter der Entlohnung der familiären Erziehungsarbeit. Auch Wilfrid Schreiber hatte die Absicht, den Kinderlosen einen spürbaren Teil der Kinderkosten aufzulasten.

Meinung Nr. 3 wird hier vertreten. Sie wurzelt in den Jahrtausende alten Erfahrungen der Menschheit, die verdichtet sind in dem Gebot: *Du sollst deinen Vater und deine Mutter ehren.* Vertreten als reine Lehre beinhaltet sie allerdings die Gefahr, dass die Mitmenschlichkeit gegenüber kinderlosen Alten auf der Strecke bleibt. Es wird den Jungen aber umso leichter fallen, die fremden alten Kinderlosen zu unterstützen, je mehr diese versucht haben für sich vorzusorgen. Deshalb muss ein Sozialstaat sie verpflichten, eine angemessene Eigenleistung zu erbringen.

Wir haben mit den Berechnungen von Adrian bereits dargelegt, dass in unserem gegenwärtigen System ein kinderloses Paar im Laufe seines Lebens im Durchschnitt ca. 400.000 € Externalitäten von den Paaren transferiert bekommt, die zwei und mehr Kinder aufziehen. Für die Berechnung hat er 1,33 Kinder je Frau zugrunde gelegt. (Im Jahre 2012 waren es 1,38; 2013 1,37; 2014 1,47).

Das kinderlose Paar erwartet die Leistung seiner Altersversorgung aus dem „System"!

Das System treibt aber, wie es Dr. Jürgen Borchert formuliert, den Eltern die Sau – ihre lebenslange Leistung an den Kindern - vom Hof und liefert drei Schnitzel zurück. Die Sau, das sind die 400.000 € Externalitäten und die drei Schnitzel, die zurück geliefert werden, sind die ca. 156 scheinbaren Hilfen für Familien.

Systembedingt gibt Adrian den Vorteil des kinderlosen Paares mit 600.000 € an, genauer wäre wahrscheinlich zu sagen, dass das Paar eine Versorgung erwartet, als ob es zwei Kinder aufgezogen hätte. Wir weisen im Folgenden nach, dass diese Leistung im Durchschnitt nicht mehr möglich ist!

Warum sind die Externalitäten aber nur 400.000 € statt so hoch wie die durchschnittlichen Kosten der Eltern für zwei Kinder, nämlich 600.000 €? Weil gegenwärtig zwei Menschen, (d. h. ein statistisches Paar) im Durchschnitt nicht zwei, sondern nur ca. 1,33 Kinder aufziehen. Für einen Ausgleich im System würde folglich die Gegenleistung des kinderlosen Paares von ca. 400.000 € ausreichen.

In einem gerechten Sozialstaat müssen diese 400.000 € Externalitäten entweder zu den Personen transferiert werden, wohin sie gehören – dass ist die Umsetzung der Meinung Nr. 2 - oder sie müssen dort belassen werden – das ist die Verwirklichung der Meinung Nr. 3.

Es stehen also grundsätzlich zwei Wege zur Diskussion, um einen Ausgleich herzustellen: Zunächst zur ersten Variante:

Mehr staatliche Umverteilung: Erziehungsgehalt oder Familiengeld?

Prof. Dr. Werding bezeichnet die Rückvergütung an die Eltern mit dem Begriff „Familiengeld".[66]

Dabei ist mit den Begriffen nicht automatisch die Höhe dieser Rückvergütung definiert. Wir nehmen einmal an, die Kinderlosen werden mit Steuern oder Beiträgen so belastet, dass sie genau so viel an den Kinderkosten tragen wie die Eltern. Adrian hat die Kinderkosten, die die Eltern gegenwärtig tragen, in den oben zitierten Tabellen mit 300.000 € beziffert. (Früher nannte er 260.000 €. Sinn kam auf 231.000 €. Es kommt auf den Zeitpunkt der Berechnung an und wie die Opportunitätskosten angesetzt werden. Wir bleiben hier im Jahre 2016 bei 300.000 €).

Zunächst legen wir unseren Überlegungen den theoretischen Idealzustand zugrunde, dass alle Menschen ein Kind aufziehen. Dann stünden die 300.000 € für jeden Ruheständler zur Verfügung. Auch die Frage, ob das zu viel ist oder der Ruhestand für eine zu lange Zeit zugestanden wird, ließe sich aushandeln, indem entweder alle länger arbeiten oder im Alter bescheidener leben.

Die gravierenden Probleme entstehen in der Praxis durch unterschiedliche Lebensentwürfe oder Schicksale.

Gegenwärtig bleibt ein Jahrgang statistisch zu ca. 33 % kinderlos. Jeder Mensch zieht statistisch nur 0,67 Kinder auf. Folglich kann er im Alter nicht die Leistung eines Erwerbstätigen von 300.000 € erhalten, sondern nur zwei Drittel d. h. 200.000 €.

Wenn jeder/jede Kinderlose verpflichtet würde, einen Ausgleich für die ca. 200.000 € Externalitäten an die Personengruppe zu

---

[66] Werding, ebd.

transferieren, die ein Kind und mehr haben (Paare mit zwei Kindern), dann erhielten diese je Kind im Durchschnitt aus dem Umverteilungssystem ca. 100.000 €. Genau berechnet wären es 98.507 €. (200.000 dividiert durch 67 x 33). Soweit zur Größenordnung der „Rück-Umverteilung". Das wäre ein sauber berechnetes Erziehungsgehalt, vorausgesetzt es wird ausschließlich finanziert durch Kinderlose und Ein-Kind-Eltern.

Personen mit 0,5 Kindern (Paare mit einem Kind) müssten 100.000 € rückerstatten (pro Person 50.000 €) weil sie bei gegenwärtiger Geburtenrate vom System noch etwas profitieren. (Sie bringen mit ihrem Kind 300.000 € ins System ein und erhalten bei 33 % Kinderlosen 400.000 € Altersversorgung aus dem System. Deshalb müssten sie 100.000 € zusätzlich einzahlen.)

Es ist deutlich geworden, dass der Anspruch der Ruheständler auf die volle Leistungsfähigkeit eines Kindes d. h. auf ca. 300.000 € Ruhestandsversorgung unter den gegebenen Umständen von den in Deutschland geborenen Kindern nicht mehr erfüllt werden kann. Es sind eben schon zu viele Alte, die von den Nachwachsenden Versorgung im Ruhestand erwarten.

Deshalb wurden neben den Pensionen, die immer aus dem Steuertopf gespeist werden, auch die Renten in den letzten Jahren aus Steuermitteln subventioniert. Weil die Steuern dafür nicht reichten, nahm man neue Kredite auf. Seit man im Staatshaushalt die Schuldenbremse zu beachten versucht, fehlt z.B. für Infrastruktur und Verteidigung das Geld.

Wir sind jetzt an einem Punkt angelangt, an dem die Frage des Ausgleichs zwischen Eltern und Kinderlosen noch einmal grundsätzlich betrachtet werden muss.

Oben haben wir den nur theoretisch möglichen Fall angenommen, dass alle Bürger ein Kind aufziehen. Dazu sei an das

Tischlerehepaar mit seinen zwei Kindern erinnert. Für diese Situation brauchte man weder ein Erziehungsgehalt noch irgendeinen staatlichen Transfer außer einer Versicherung auf Gegenseitigkeit für den Fall, dass die eigenen Kinder vorzeitig sterben oder aus irgendeinem Grund nicht leistungsfähig sind.

Nehmen wir eine Geburtenrate von 0.9 Kindern pro Person an. Bei Kinderkosten von 300.000 € müssen die Eltern ihrem Kind zumuten, im Laufe seines Erwerbslebens 30.000 € an die Gruppe der Kinderlosen und Ein-Kind-Eltern abzuzweigen. So ähnlich war die Situation in den 1960er Jahren bei einer Geburtenrate von 1,8 Kindern je Frau. Durch die Größenordnung des Transfers wurde gesamtgesellschaftlich noch keine Schmerzgrenze überschritten. Neun Personen versorgten eine kinderlose Person im Alter mit. Die Altersversorgung der Eltern (Ruhegeld, Krankenversorgung, Pflege) wurde zwar auch durch die Mitversorgung der Kinderlosen geschmälert, allerdings noch nicht so gravierend wie gegenwärtig.

Die Ungerechtigkeit besonders zwischen Eltern mit mehreren Kindern und Kinderlosen war natürlich trotzdem gegeben. Eine Wirtschaftseinheit Familie mit fünf Kindern musste 5 x 30.000 €, das heißt 150.000 € an die Gruppe der Kinderlosen und Ein-Kind-Eltern abgeben. Die Eltern, für die eigentlich noch 5 x 270.000 € = 1.350.000 € zu ihrer Altersversorgung zur Verfügung gewesen wären, wurden im Durchschnitt auch schon viel schlechter versorgt als Kinderlose, weil sie weniger erwerbstätig sein konnten. Die Transfers des einzelnen Kindes blieben allerdings tragbar, weil 270.000 € für einen kinderlosen Ruheständler von einer größeren Anzahl, das heißt von neun Menschen aufgebracht wurden. Auch die Schmälerung der Altersversorgung um 10 % fiel nicht auf, weil sie durch Steigerung der Arbeitsproduktivität weitgehend kompensiert wurde.

Inzwischen müssen zwei gegenwärtig Geborene bei unveränderter

Geburtenrate später drei Ruheständler versorgen.

Würde sich der Anteil kinderloser Personen statistisch auf 50 % vergrößern, dann müsste der Transfer bei unverändertem Sozialsystem auf ca. 150.000 € je Kind angehoben werden. Das Kind würde, finanziell betrachtet, von zwei Personen aufgezogen und folglich hätte ein Erwerbstätiger zwei Ruheständler zu versorgen.

Wir haben es hier mit folgender Steigerung zu tun:

% Kinderlose belasten das Kind später mit	Euro
10	30.000
20	60.000
30	90.000
40	120.000
50	150.000

Wenn ein Kind maximal 300.000 € für die Alten abzweigen kann und davon zwei versorgt werden müssen, dann bleibt für jeden nur die Hälfte übrig. Bei einer Geburtenrate von 0,5 Kindern je Person - ohne irgendeine Kapitalvorsorge für die Zeit des Ruhestandes - hat sich die Investitionsleistung der Gesamtgesellschaft in Humankapital für die Zukunft im Vergleich zu einer Geburtenrate von einem Kind je Person halbiert. Damit hätte sich auch der Standard der gesamten Altersversorgung halbiert. Für einen Alten stehen nicht mehr 300.000 €, sondern nur 150.000 € zur Verfügung. Eine medizinische Versorgung, wie wir sie noch gewöhnt sind, ist damit nicht möglich.

Man kann es auch noch anders formulieren: Die Wirtschaftseinheit Familie - nach Werding „ökonomische Elternschaft"- könnte, auch wenn sie wollte, trotz dieses Transfers (Erziehungsgehalt) ihre Kinder nicht schuldenfrei ins Erwerbsleben entlassen.

Während die Fürsorge für die eigenen Eltern (bzw. Elterngeneration) traditionell schon immer da war, kommen für die heranwachsende Generation sowohl ohne als auch mit Erziehungsgehalt Altersversorgungsansprüche von 33 % Kinderlosen hinzu. Vielen Eltern gelingt es, ihren Kindern ein Erbe zu hinterlassen, das die Versorgungsleistung, die ihre Kinder für sie erbringen, teilweise oder ganz kompensiert. Zur Versorgung der anonymen Alten werden sie allerdings von Staat gezwungen.

Um noch einmal zu verdeutlichen, um welche Größenordnung es sich bei den notwendigen Korrekturen handelt, zunächst folgende überschlägige Rechnung.

Ein durchschnittlich verdienender kinderloser Bürger ist 40 Jahre erwerbstätig. Er müsste dann ca. 200.000 € mehr Abgaben als heute entrichten. Das sind während seiner Erwerbstätigkeit im Jahr 5.000 €. Dieses Geld müsste als Familienhilfe, Steuererleichterung oder wie auch immer zu denen fließen, die Kinder aufziehen. Dann hätten Kinderlose nach Meinung der Befürworter dieser Lösung das gleiche (bezweifelbare) Recht auf Versorgung im Alter wie die Eltern des Kindes. Der Lebensstandard der kinderlosen Person wäre dann den Eltern einer Zwei-Kind-Familie angeglichen.

Das ist im Prinzip das Erziehungsgehalt im Endstadium seiner Verwirklichung, vorausgesetzt, die Eltern müssen es nicht durch die „Gaukelspiele" des Staates doch wieder selbst finanzieren.

Beließen wir die gegenwärtigen diesbezüglichen Gesetze unverändert, dann müssten Eltern, die zwei Kinder aufziehen, insgesamt ein Erziehungsgehalt von ca. 200.000 € (pro Kind ca. 100.000 €) aus dem System ausgezahlt bekommen.

Diese Lösung aus ist folgenden Gründen trotzdem nicht zu empfehlen: Eltern würde viel Geld geboten, um ihre Kinder aufzuziehen. Ihnen ginge es wesentlich besser als heute. Sie hätten auch mehr finanzielle Möglichkeiten in der Zeit der Kindererziehung.

Für ihre Kinder änderte sich danach gegenüber der gegenwärtigen Situation allerdings nichts. Wie bisher müssten sie mit Eintritt in das Erwerbsleben weiterhin als Altenversorgungssklaven für fremde kinderlose Senioren mit arbeiten, die völlig andere Lebenskonzepte oder -schicksale haben und hatten als ihre eigenen Eltern. Auch wenn sie wollten, könnten die Eltern ihre Kinder nicht schuldenfrei ins Leben entlassen, denn der Staat, genauer gesagt die Kinderlosen hätten ihnen ihre Kinder mit einem beachtlichen Geldbetrag teilweise „abgekauft", den diese später zurückfordern. Die Gesellschaft als ganze hätte nicht besser für die Zukunft gesorgt, denn wenn Eltern und Kinderlose in den Ruhestand gehen, müsste die nachwachsende Generation, die dann in das System einzahlt, wie bisher nach wie vor für Eltern und Nichteltern sorgen. Immerhin hätten die Kinderlosen für ihre Altersversorgung finanziell im gleichen Maß Vorleistungen erbracht wie die Eltern mit zwei Kindern. Bis jetzt erhalten die Kinderlosen ihre Altersversorgung weitgehend geschenkt.

An dem inzwischen zunehmend spürbaren Problem, dass die Jungen mit der Versorgung der Älteren überlastet sind, hätte sich nichts geändert.

Der durchschnittliche Kinderlose müsste beginnend im 25.

Lebensjahr jährlich ca. 5.000 € zusätzlich zur gegenwärtigen Steuer- und Abgabenbelastung abgeben. Von heute auf morgen wäre er/sie zurückgestutzt auf den heutigen Lebensstandard von durchschnittlich verdienenden Eltern mit zwei Kindern. Dabei würde natürlich gleichzeitig groß und breit thematisiert, dass die Eltern um so viel besser gestellt werden. *„Meine sauer verdiente Kohle für den Flachbildschirm im Kinderzimmer"*, so ähnlich könnte es in der Zeitung stehen. Wir kennen die Argumente gegen das Betreuungsgeld, wo gegen 150 € monatlich für maximal 22 Monate schon die gleichen Kanonen aufgefahren wurden.

Was nützte es dem jungen Erwerbstätigen später, wenn seine Eltern für seine Erziehung diesen „gerechten Ausgleich" in Form eines Erziehungsgehaltes erhalten hätten?

Und wie stünde es um die Sicherheit der Kinderlosen, die ihre Transferzahlungen in voller Höhe für die Erziehung fremder Kinder geleistet hätten? Sie könnten immer nur ihren Anteil an der Leistungskraft der Kinder beanspruchen, die auch tatsächlich aufgezogen wurden und noch hier leben. Ob ihre Zahlungen bewirken würden, dass dann, wenn sie in den Ruhestand gehen, genügend Einzahler da sind, das ist damit nicht gesichert.

Dazu kommt noch ein anderer Gesichtspunkt. Staatlich organisierte Transferleistungen sind anonymisiert und berücksichtigen nicht die tatsächliche persönliche Situation des Empfangsberechtigten. So gelangen Renten und Pensionen auch zu Leuten, die diese auf Grund ihres Vermögens gar nicht nötig haben. Wenn die Transfers innerhalb der Familie bleiben, kann das - guter Wille vorausgesetzt - besser berücksichtigt werden.

Es gibt aber noch einige gefährliche Nachteile dieses Konzepts Erziehungsgehalt:

Die Eltern bekämen viel Geld, nicht auf Grund ihrer

Erwerbsarbeit, in der sie nach erbrachter Leistung bezahlt werden, sondern auf Grund der Tatsache, dass sie - wie gut oder schlecht auch immer - ein Kind aufziehen. Man würde, wie es Dr. Volker Pitz ausdrückt, *„einen barrierefreien Zugang zu einem entlohnten Arbeitsplatz am Herd schaffen."* Und man könnte diesen mit möglichst vielen Kindern absichern. So etwas kann bei naiven Zeitgenossen zu ganz schlimmen Auswüchsen führen. Auf das Wort Karnickel-Prämie in einschlägigen Blättern brauchten wir nicht lange zu warten.

Außerdem blieben Eltern die ewigen Bittsteller und müssten immer wieder Anträge stellen. Der Eindruck würde verstärkt, dass Familien Unterstützung brauchen und am Tropf von Vater Staat hängen. Bald riefe man nach besserer Kontrolle durch den Staat. Wer zahlt, hat das Sagen. Wir sollten auch nicht vergessen, dass der Staat immer wieder gedrängt werden könnte, alle in Mode kommenden Auflagen zu machen für eine zeitgeistkonforme Erziehung.

Die Bürokratie würde einige Stufen höher schalten. Viel Geld würde in der Genehmigungs- und Umverteilungsverwaltung hängen bleiben. Auch nicht ganz von der Hand zu weisen ist das Argument, dass das Erziehungsgehalt ein zusätzlicher Einwanderungsmagnet für die Armen der ganzen Welt wäre.

Von den Befürwortern des Erziehungsgehaltes wird meistens nur die Forderung erhoben nach Ersatz der Kinderkosten, manchmal inklusive Opportunitätskosten. Dieser Forderung fehlt die Klarheit, weil die Eltern ja auch von der Mühe und Arbeit an ihren Kindern profitieren, nicht nur die Kinderlosen. Wieso sollen die Kinderlosen die Kosten allein tragen? Allerdings ist unser Staat mit der Subvention der Kinderkrippen und Kindergärten schon in Richtung Erziehungsgehalt unterwegs. Er nimmt den Eltern einen Teil der Arbeit und der Kosten ab. Auch dabei bleibt vieles im

Nebel, sonst müssten ja die Eltern, die ihre Kleinkinder selbst betreuen, einen angemessenen Ausgleich erhalten.

Weniger Staat und weniger Umverteilung durch Vorsorgepflicht

Das Ziel, die Versicherung für das Ruhestandsalter, bleibt das gleiche. Der durchschnittliche Kinderlose wird verpflichtet, im Laufe seines Lebens für seine gesamte Altersversorgung anzusparen. Dieses Kapital nimmt ihm der Staat aber nicht weg und verteilt es um, sondern der Kinderlose muss in einen staatlich verwalteten Fonds einzahlen, aus dem dann, wenn er in den Ruhestand geht, seine Altersversorgung in Form von Ruhestandsgeld, Krankenversorgung und Pflegekosten bestritten wird. Zum „staatlich verwalteten Fonds" schreibt mir Dr. Albrecht Glatzle in einem Brief: *„Das bedarf aber eines Gesetzes mit Verfassungsrang, dass jede Fehlverwendung dieses Geldes mit Höchststrafen für verantwortliche Politiker und Verwaltungsbeamte zwingend bedacht wird. Ich traue keinem Staat auf dieser Erde."* Dieser Fonds kann eben leider nur so gut abgesichert werden, wie es durch Menschen möglich ist. Man kann wie bei den Krankenkassen an Verantwortliche denken, die von den Versicherungsnehmern mit gewählt werden und zusätzlich an staatliche Aufsichtsbeamte. Letztendlich bricht an dieser Stelle das Problem des kinderlosen Lebensentwurfes auf. Sicherung im Alter und bei Schwachheit bringt eben nur die helfende Hand eines Mitmenschen.

Nun zur Größenordnung der Vorsorge:

Gehen wir wieder von den Kinderkosten aus, die die Eltern aufbringen, dann müsste ein Kinderloser 300.000 € ansparen. Wem die 300.000 € zu hoch vorkommen, der möge folgende überschlägige Rechnung nachprüfen: Im Jahre 2011 lag die durchschnittliche Lebenserwartung (nicht Sterbealter) in Deutschland bei ca. 80 Jahren. Das gemittelte Renteneintrittsalter lag bei 63 Jahren, soll aber auf 65 Jahre steigen. Folglich sind im Durchschnitt 15 Jahre Altersversorgung erforderlich. Teilen wir die 300.000 € durch 15, dann stehen jährlich 20.000 € für Ruhestandsgeld, Krankheit und Pflege zur Verfügung. Das ist reichlich bemessen, ist aber abgeleitet von den 300.000 € Kinderkosten der Eltern. Dabei ist nicht berücksichtigt, dass mit dem Vorsorgekapital gegebenenfalls ein Gewinn erwirtschaftet werden kann, der die Geldentwertung übersteigt. Der Betrag ist trotzdem hoch angesetzt, wenn man bedenkt, dass der Kinderlose, wenn er 40 Jahre spart, jährlich 7.500 € auf die hohe Kante legen soll. Das ist die Größenordnung dessen, was ein Nebenjob einbringt. Wie können aber Eltern es im Durchschnitt schaffen, diese 300.000 € in ein Kind zu investieren? Weil eben das Aufziehen von zwei Kindern einem Nebenjob für jeden Elternteil gleichkommt.

Wenn Kinderlose aus eigener Kraft im Alter so gut versorgt sein wollen wie Eltern, die zwei Kinder im gegenwärtigen System aufziehen, dann müssen sie die gleiche Leistung erbringen.

An diesem Punkt angekommen ist allerdings daran zu denken, dass - wie oben nachgewiesen - inzwischen weder Eltern noch Nichteltern in Deutschland mit dem ganzen Leistungsvermögen eines Kindes versorgt werden können, sondern nur mit ca. zwei Dritteln, das heißt mit 200.000 €. Für dieses bescheidenere Niveau brauchte auch der Kinderlose nur 200.000 € anzusparen, das heißt 40 Jahre lang jährlich 5000.- €. Aber auch mit diesem Kapital wären die Nachkommen von den Lasten zur Versorgung der Nichteltern weitgehend befreit. Dieses Konzept ist argumentativ viel besser zu verkaufen als jede „Rück-Umverteilung", weil man dem Kinderlosen nichts wegnimmt außer den unbegründeten Privilegien. Er/sie sorgt für sich selbst vor, wie er/sie das schon immer tun musste, bevor es einen Sozialstaat gab. Der Staat hilft nur, die Vorsorge zu organisieren. Natürlich kommt das Argument, dass dieses Kapital nicht sicher ist. Wir wissen es aus der Geschichte. Das wussten auch Wilfrid Schreiber und Kollegen. Das ist aber des Kinderlosen Schicksal oder sein gewählter Lebensentwurf. Erinnert sei an die bereits erwähnte Möglichkeit, dass Kinderreiche aus dem Fonds eine Ausbildungshilfe erhalten und dafür zu Gunsten der „Helfer" auf einen angemessenen Teil ihrer Altersversorgung verzichten. Außerdem muss hier folgendes noch einmal betont werden:

Es geht nicht um die Bestrafung von Kinderlosen. Ein solches System führt zweifellos zu mehr Geburten. Der Anteil kinderloser Staatsbürger ginge zurück und im Falle einer Katastrophe wären genügend junge Menschen da, um auch die Kinderlosen mit zu tragen. Auch das wissen wir aus der Vergangenheit.

Wie müsste eine solche Korrektur gestaltet werden? Als Vergleichsbasis zu den Kinderlosen nehmen wir ein Paar mit zwei Kindern:

1. Gegenwärtige Lage		
Ein Paar mit zwei Kindern investiert	600.000 €	in seine zwei Kinder
kann aber im Ruhestand nur	400.000 €	Versorgung erwarten,
denn es muss auf	200.000 €	verzichten zu Gunsten eines

Ein Kinderloser erwartet	200.000 €	Kinderlosen. Altersversorgung aus dem System, auf Kosten der Paare mit zwei und mehr Kindern
2. Angemessenes Familiengehalt bei gegenwärtiger Geburtenrate:		
Ein Paar mit zwei Kindern würde	600.000 €	in seine Kinder investieren
und erhielte dafür	200.000 €	Hilfe für seine Kinder von einem Kinderlosen
und könnte	400.000 €	Versorgung im Ruhestand erwarten.
Ein Kinderloser würde	200.000 €	Altersversorgung aus dem System fordern,
weil er im Laufe seines Lebens	200.000 €	an Paare mit zwei oder mehr Kindern zahlen musste.
3. Verpflichtende Selbstvorsorge der Kinderlosen:		
Ein Paar mit zwei Kindern würde	600.000 €	in seine beiden Kinder investieren.
Jeder Elternteil könnte	300.000 €	Versorgung im Ruhestand erwarten.
Ein Kinderloser zahlte	300.000 €	oder weniger in den Altenversorgungsfonds für Kinderlose und erhielte daraus seine Altersversorgung. Die Geburtenrate spielt dabei keine Rolle. Beide Systeme sind getrennt.

An dieser Stelle schließt sich auch der Kreis zu Adrians Berechnungen mit Hilfe der Landau-Theorie. Er ist zu dem

Ergebnis gekommen, dass ein kinderloses Paar in unserem gegenwärtigen System im Laufe seines Lebens gegenüber einem durchschnittlichen Elternpaar mit zwei Kindern einen geldlichen Vorteil von 400.000 € erzielt. Weil sechs Personen nur vier Kinder aufziehen, müssen zwei Elternpaare mit je zwei Kindern jeweils auf 200.000 € Altersversorgung zu Gunsten des kinderlosen Paares verzichten ohne dafür eine Gegenleistung zu erhalten. Für ihre eigene Altersversorgung haben sie jeweils 600.000 € in ihre Kinder investiert, können aber nur 400.000 € „ernten". Wie oben nachgewiesen wurde, potenziert sich die Ungerechtigkeit gegenüber großen Familien. Es lassen sich jetzt auch Adrians Berechnungen für die Familien mit drei und vier Kindern bestätigen:

Eltern von 3 Kindern bilden ein Humankapital von 3 x 300.000 €	900.000 €
Aus dem System erhalten die Eltern für ihre Altersversorgung	400.000 €
Ihre Kinder leisten für fremde kinderlose Ruheständler	500.000 €.
Eltern von 4 Kindern bilden ein Humankapital von 4 x 300.000 €	1 200.000 €
Aus dem System erhalten sie für ihre Altersversorgung	400.000 €
Ihre Kinder leisten für fremde kinderlose Ruheständler	800.000 €

Das muss korrigiert werden mit dem klaren Ziel, dass ein gesunder

Mensch in seinem Leben nur so viel konsumiert wie er auch erarbeitet.

Es mag sein, dass andere bei ihren Kalkulationen nur auf elterliche Kinderkosten von 270.000 € oder weniger kommen. Das ändert trotzdem nichts an den Relationen, denn dann muss auch ein Drittel, das heißt 90.000 € an Kinderlose transferiert werden.

Wie kann der Übergang geschafft werden?

Eines ist sonnenklar: Um dieses System einzuführen, muss ein Berg versetzt werden.

Zunächst gilt es aber zu erkennen, dass zwischen dem ersten Konzept Erziehungsgehalt und dem zweiten mit verpflichtender Selbstvorsorge zwei fundamentale Unterschiede bestehen. Im ersten Fall müsste die Gesellschaft als Ganze während der Umstellungsphase keinerlei zusätzliche Ansparleistung erbringen. Die Eltern erhielten wesentlich mehr Geld, die Kinderlosen entsprechend weniger. Die Verwaltungskosten kämen hinzu. In der Wirtschaft zirkulierte gleich viel Geld, nur in anderen Sektoren.

Im zweiten Konzept entsteht folgendes Problem: Die Rentner haben, beglaubigt vom Bundesverfassungsgericht, bisher darauf vertraut, dass ihre Rentenanwartschaften einem Eigentumsanspruch gleich zu setzen sind. Im Rahmen der vorausgegangenen Ausführungen wurde nachgewiesen, dass sich dieser „Eigentumsanspruch" zunehmend in Luft auflöst, weil eine ausreichende Anzahl von Leistungserbringern fehlt. Wo nichts ist, hat nämlich nicht nur der Kaiser sein Recht verloren, sondern ebenso seine Untertanen. So wie es ist, kann und darf es aber nicht weitergehen.

Formaljuristisch ist vom obersten deutschen Gericht noch keine Korrektur seines äußerst fraglichen Urteils von 1985 erfolgt.

Gleiches gilt im Prinzip für die Pensionen der Beamten.

Obwohl die Altenversorgung von Kinderlosen bei fairer Beurteilung weitgehend unberechtigt ist, hat unser Staat immer wieder das Gegenteil behauptet und bis heute bei Millionen von Menschen Glauben gefunden. Eine plötzliche totale Umstellung ist deshalb unrealistisch. Schließlich kennen wir auf anderen Gebieten die Gepflogenheit des Bestandsschutzes, wenn der Staat irgendeine Leistung zugesagt hat. Wir dürfen auch nicht die Demokratie aufs Spiel setzen. Wir sollten also die Dinge pragmatisch angehen.

Einzige Möglichkeit für eine rasche Änderung wäre ein totaler Staatsbankrott mit Neuanfang vom Nullpunkt. Das widerspricht aber unserem Volkscharakter. Also denken wir lieber über eine Reform mit revolutionären Folgen nach:

Wenn wir am 1. Januar 2017 anfangen würden, das System umzustellen, und wir wollten das innerhalb von 40 Jahren abschließen und dabei Bestandsschutz garantieren, dann wären wir am 31. Dezember 2056 fertig. Im Unterschied zur Variante Erziehungsgehalt müsste die Gesamtgesellschaft in dieser Zeit eine riesige Ansparleistung vollbringen.

Wir müssten während der 40 Jahre alle prinzipiell wie bisher für die Alten sorgen, denn jeder hatte Eltern. Die Kinderlosen müssten aber zusätzlich beginnen, für ihr Alter vorzusorgen. Ein 25-jähriger müsste z. B. 40 Jahre vorsorgen, ein 45-jähriger 20 Jahre, ein 64-jähriger nur ein Jahr (bei einem Renteneintrittsalter von 65 Jahren).

Bereits ein Jahr später begänne die Entlastung der Altersversorgungssysteme für Rente/Pension, Krankheit und Pflege, denn die dann 65-jährigen Kinderlosen hätten schon ein Jahr vorgesorgt. Die Entlastung wäre natürlich nach dem ersten Jahr noch minimal, eben nur der vierzigste Teil dessen, was 40 Jahre später erzielt wird. Die Signalwirkung der Maßnahme sollte man aber nicht unterschätzen.

Auch eine riesige Einsparleistung fände statt, weil mehr Menschen versuchen würden, statt jährlich mehrfach in den Urlaub zu fahren, ihre zwei oder drei Kinder „für die Rente" aufzuziehen.

Wir würden sozusagen den elterlichen Willen zu Leistung und Verzicht nutzen, um aus unserer Misere herauszukommen. Die größte Leistungsreserve, die wir in unserer Gesellschaft noch haben, liegt bei den Kinderlosen und Ein-Kind-Eltern. Dieses Potenzial müssen wir abrufen.

Bevor wir weitergehen, soll an einem Jahrgang demonstriert werden, um welche Größenordnung von Kapitalbildung es sich hier handelt:

Ließen wir die Altersvorsorge der Kinderlosen und Ein-Kind-Familien 2017 beginnen, dann wären die 1992 Geborenen der erste Jahrgang, der 2057 in den Ruhestand ginge und 40 Jahre lang für seine Altersversorgung Kapital angespart hätte. Der Geburtsjahrgang 1992 zählte 809114 Personen. Nicht alle zahlen die ganze Zeit. Manche sterben vorher, andere wandern aus. Nach bisheriger Erfahrung können wir davon ausgehen, dass durch Zuwanderer ein Ausgleich erfolgt. Wenn die Geburtenrate wie 2012 bleibt, gehen statistisch gemittelt 31 % kinderlos in die Altersruhe. Das sind von diesem Jahrgang ca. 251 000 Personen. (In Wirklichkeit haben Leute keine, ein, zwei und mehr Kinder.) Jede kinderlose Person hätte, - gleichbleibende Sätze angenommen - im Durchschnitt 300.000 € angespart. Das sind 75,3 Mrd. €, die allein für die Altersversorgung dieses Jahrgangs zur Verfügung stehen. Sie müssen bei der heutigen Lebenserwartung 15 Jahre reichen (Annahme: Lebenserwartung im Durchschnitt 80 Jahre, Renteneintrittsalter im Durchschnitt 65 Jahre). Weil wir weder die

Kapitalverzinsung noch die Geldentwertung kennen, wurde beides nicht berücksichtigt. Gegenwärtig sind die Prozentsätze fast gleich. Langjährige Erfahrungen lassen auf eine gewisse Vermehrung des Kapitals hoffen.

Jetzt kann man natürlich die Frage stellen, wie hoch der Sicherungsfonds für die Kinderlosen nach 40 Jahren nicht nur für den Jahrgang 1991, sondern für alle insgesamt angewachsen sein würde. Legen wir der Berechnung die gegenwärtigen Jahrgangsstärken zugrunde und nehmen danach inklusive Zuwanderer Jahrgänge von 650.000 Überlebenden an, die statistisch zu 31 % kinderlos bleiben, dann wäre der Fonds ohne Verzinsung am Ende des Jahres 2056 auf ca. 1.20 Billionen € angewachsen. Das ist deshalb Theorie, weil erstens daran gedacht werden muss, dass viele kinderlose Menschen diese Vorsorgeleistung nicht erbringen können. Und zweitens würden viele Eltern mit mehr als zwei Kindern Mittel aus dem Vorsorgefonds der Kinderlosen beziehen. Dadurch wäre das Geld zwar verbraucht, aber für real existierenden Nachwuchs. Unser Problem wäre gelöst.

Deshalb wird im Vorsorgefonds wesentlich weniger sein. Wer aber Kapitalbildung grundsätzlich für eine Utopie hält, sei daran erinnert, dass die Devisenreserven der Volksrepublik China im Januar 2014 mit 2.79 Billionen € gemeldet wurden.

Nehmen wir nur zur Illustration an, die Versorgung der Kinderlosen würde nur mit Geld aus dem gefüllten Fonds stattfinden und die statistisch 31 % kinderlosen Ruheständler müssten im Durchschnitt 15 Jahre versorgt werden. Dann stünden dafür jährlich maximal ca. 60 Mrd. € zur Verfügung. Um diese Summe werden die Familien jährlich entlastet!

Wie käme diese Entlastung bei den Familien an? Zunächst noch kaum spürbar, aber dann sinken von Jahr zu Jahr die Steuern für die Altenversorgung, das heißt für Ruhegeld, Krankheit und Pflege. Diese verringern sich im Verhältnis auf ein Maß, das relativ mindestens etwa der Zeit vor 40 Jahren entspricht. Setzen wir - um es zu verdeutlichen - voraus, dass die Geburtenrate bei 0,69 Kindern pro Person bleibt, im Jahr 2056 müssen dann 31 % weniger Alte durch die in Erwerbsarbeit Stehenden versorgt werden. Würden die Kosten für Lebensunterhalt, Krankheit und Pflege im Verhältnis gleich bleiben, dann können wir mit einer etwa 31 %igen Reduzierung der Sozialabgaben im Vergleich zur Gegenwart rechnen. Die Kosten für die Versorgung bei Krankheit werden aus den genannten Gründen wahrscheinlich ansteigen, die für die Pflege aber eher fallen, weil die finanziell stark entlasteten Familien mehr Alte in der Familie pflegen können.

Was ist mit Sozialhilfeempfängern?

Wie wird es mit denjenigen, die die Ansparleistung nicht erbringen können. Zahlreiche Menschen, auch kinderlose, verdienen nicht genug oder zeitweilig nicht genug, um 40 Jahre lang jedes Jahr 7.500 € für den Altenversorgungsfonds abzuzweigen. Sie befinden sich in der gleichen Situation wie Eltern, die Sozialhilfe beantragen müssen, um ihre Kinder durchzubringen. Bei den betreffenden Kinderlosen und den Eltern reicht das selbst erarbeitete Einkommen vielleicht noch für ihr eigenes Auskommen, aber nicht mehr für ihre Altersvorsorge, das heißt den Erstgenannten nicht für den Altenversorgungsfonds, den Eltern nicht für ihre Kinder.

Prinzipiell gibt es zwei Lösungsansätze für dieses Problem:

Man könnte über die Sozialhilfe in den Fonds einzahlen, denn die Bedürftigkeit ist ein gesamtgesellschaftliches Problem. Das ist aber aus folgendem Grund nicht sinnvoll: Die Bedürftigkeit der Kinder ist aktuell vorhanden, die der Kinderlosen noch nicht. Wir sollten die spätere Bedürftigkeit der alten Kinderlosen der zu diesem Zeitpunkt erwerbstätigen Generation überlassen, weil den Kinderlosen dadurch zunächst signalisiert wird, dass ihnen, wenn sie noch Kinder bekommen, jetzt geholfen wird, wenn sie aber kinderlos bleiben, für ihre Altersversorgung noch keinerlei Absicherung garantiert ist.

Das vorgestellte Modell ist das einer Vorsorgeversicherung. Die jährlichen Einzahlungen sind deshalb prinzipiell mit 7500 € gedeckelt. Das könnte man höchstens etwas variieren, indem man ermöglicht, zeitweise unzureichende verminderte Einzahlungen zu einem späteren Zeitpunkt nachzuholen.

Wer diese hoch angesetzte Vorsorgeleistung nicht erbringen kann, dessen Altersversorgungsansprüche sind dann im Verhältnis entsprechend niedriger bis zu einem Niveau der Sozialhilfe.

Natürlich kann auch der Gedanke aufkommen, dass man denjenigen mit hohen Einkommen progressiv mehr abverlangt, um die Fehlbeträge der Ärmeren aufzufüllen. Das ist deshalb von Nachteil, weil dann wieder eine Vermischung von Alterssicherung und Steuer entsteht und die Klarheit des Systems verloren geht. Der Ausgleich sollte nur über die Steuer erfolgen. Die vom Staat organisierte Altenversorgung muss keine standesgemäße sein, sondern eine notwendige. Wer mehr will, kann selbst zusätzlich vorsorgen.

Kinderlose und kinderarme Ruheständler (Elternpaare mit einem Kind), die wegen ihres geringen Einkommens weniger als das Existenzminimum sichernde Vorsorgekapital im staatlich verwalteten Fonds ansammeln konnten, müssten erst einmal vorhandenes Eigentum an Geld, Immobilien und Grundstücken für ihre Altersversorgung einsetzen, bevor sie Sozialhilfe erhalten. Wenn sie sterben, geht dann nur noch der Rest ihres Vermögens an die Erben.

Später werden sich die Kinderlosen allerdings daran erinnern, dass sie im heutigen Steuer- und Sozialversicherungssystem laut Werding und Hofmann 15,4 % der Kinderkosten getragen haben. Davon kann ein gewisser Anspruch an die dann erwerbstätige Generation abgeleitet werden. Höchstwahrscheinlich bleiben für diese Generation noch so viele Verpflichtungen, den kinderlosen Sozialhilfeempfängern zu helfen, dass sie eher mehr als die 15,4 % aufbringen müssen. Helfen können schließlich nur Mitmenschen, die real existieren.

Flankierende Maßnahmen

Hinzu kämen die Korrekturen im Steuersystem, falls man diese anpackt. Dazu zählen das Stopfen von Steuerschlupflöchern, gleiche Besteuerung aller Einkommensarten, aber keine Steuern, die den Charakter von Enteignung haben, also keine Vermögenssteuer. Dazu ist eine völlige Neugestaltung des Steuersystems durch Vereinfachung dringend erforderlich. Die Altersversorgung der Beamten im höheren Dienst kann spürbar reduziert werden, ohne bei ihnen Altersarmut hervorzurufen. Die staatlichen Strukturen müssen vereinfacht werden. Dazu gehört die Reduzierung der Bundesländer, Halbierung der Abgeordneten in den Parlamenten und Weiterführung der Gebietsreformen.

Gehen wir davon aus, dass rasch mehr Kinder geboren werden, dann wäre das der zweite Teil der gesamtwirtschaftlichen Ansparleistung, die Bildung von mehr Humanvermögen. Ob nun Altersvorsorgekapital oder Humankapital, das Leben von der Substanz hätte ein Ende. Das wäre der Ruck, wie es unser ehemaliger Präsident Roman Herzog formulierte, der durch unsere Gesellschaft gehen müsste.

Falls sich der gewünschte Effekt nicht einstellt, dann bleiben uns immer noch die eingangs diskutierten Möglichkeiten, ein Prämiensystem für vorverlagerte Geburten verheirateter Frauen einzuführen oder ein Familiensplitting nach französischem Muster. Letzteres bringt einen Vorteil für gut verdienende Eltern. Aber warum sollen diese nicht ermutigt werden, mehrere Kinder aufzuziehen, die dem Staat nicht auf der Tasche liegen? Der aufmerksame Leser wird bemerkt haben, dass hier nicht die völlige Gleichmacherei das Ziel ist, sondern eher das Prinzip: *„Wer sät, soll auch ernten".*

Ganz zuletzt käme eine Erhöhung des Kindergeldes in Frage.

40 Jahre sind eine lange Zeit, aber es wären endlich die Weichen richtig gestellt. Dadurch wächst neue Hoffnung.

Geht es auch schneller?

Gewarnt werden muss vor dem sich zunächst aufdrängenden Gedanken, diese Zeit drastisch verkürzen zu wollen, denn die Kinderlosen und Ein-Kind-Paare können niemals in nur 20 Jahren die notwendige riesige Ansparleistung erbringen wie in 40 Jahren.

Blenden wir an dieser Stelle noch einmal zurück. Es gibt verschiedene Reformvorschläge für den Umbau der Sozialversicherung. Der bekannteste ist das Erziehungsgehalt oder Familiengeld. Den politischen Willen vorausgesetzt, könnte man es morgen einführen. Die Kinderlosen und Ein-Kind-Eltern würden so viel mehr belastet, dass die Kosten - auch die Opportunitätskosten - der Kinder auf alle Bürger unter Berücksichtigung ihres Leistungsvermögens verteilt werden.

Die finanzielle Lage der Eltern würde sich bereits im nächsten Monat verbessern. Dadurch hätte allerdings die Gesellschaft als ganze ihre Vorsorge nicht verbessert. Die Kinder hätten später nach wie vor für alle Alten zu sorgen, auch für die kinderlosen, allerdings für letztere nur noch eingeschränkt. Eine gewisse Entlastung des Sozialsystems könnte in der Zukunft entstehen, wenn dadurch mehr Kinder geboren würden. Das ist aber nicht sicher. Die anderen Nachteile des Konzeptes wurden schon genannt.

Einen detailliert ausgearbeiteten Kompromissvorschlag veröffentlichte Prof. Dr. Martin Werding in der von der Bertelmann Stiftung geförderten Studie im Jahr 2014 unter dem Titel „Familien in der gesetzlichen Rentenversicherung".

Er kommt auf Seite 61 mit seinem Modell einer Basis- und Kinderrente zu dem Ergebnis, dass bereits im Jahr 2022 wieder ein Netto-Rentenniveau von 51,3 % für Eltern und Kinderlose erreicht wird. Folglich könnte etwa ab 2022 das Durchschnittsrentenniveau des Jahres 2008 für die Zukunft aufrechterhalten werden. Wie ist so ein „Wunder" möglich? Weil sein Vorschlag die erhöhten Sparraten der Kinderlosen mit folgenden Instrumenten rasch an die Eltern transferiert: Erstens zahlen die Eltern, sobald sie Kinder bekommen, weniger Sozialbeiträge bzw. Eltern mit geringem Einkommen erhalten Familiengeld. (Beim Letzteren bleibt sein Vorschlag vage). Zweitens erhalten die Eltern bis zum dritten Kind bei der Geburt ihrer Kinder jeweils ein Drittel des durch Pflichtsparen angesammelten Betrages wieder ausgezahlt. Das Geld kann also verbraucht werden, steht allerdings nicht mehr als Vorsorge für später zur Verfügung. Werden Leute erst in höherem Alter Eltern, dann sind die frei werdenden Summen einerseits schon hoch, während andererseits die Zeit bis zum Renteneintritt der Eltern verkürzt ist. Sie beziehen gegebenenfalls bereits Rente, bevor ihre Kinder einzahlen.

Werdings Vorschlag ist besser als das gegenwärtige System, hat aber eine starke Neigung in Richtung Erziehungsgehalt/Familiengeld. Dass es sich um einen Kompromissvorschlag handelt, weist er selbst mit Zahlen nach: Auf Seite 70 zeigt er die fiskalische Bilanz eines Kindes nach Einführung seiner Kinderrente. Dieser fiskalische Effekt liegt nach Berechnung von Werding immer noch bei 60.400 € gegenüber 103.400 € im gegenwärtigen System. Das hängt auch damit zusammen, dass die bestehende Regelung der Rentenberechnung weiterhin auf dem Bruttolohn basieren wird, wenngleich die Beiträge bei 19,5 % eingefroren werden. Eine gründliche Reparatur des Systems müsste aber den fiskalischen Effekt eines durchschnittlichen Kindes in die Nähe von Null bringen.

Man vergäbe eine historische Chance, wenn der politische Wille zur Reform da wäre, aber nicht für eine gründliche Reparatur genutzt würde. Deshalb ist eine konsequente kompromisslose Reform mit umfassender Selbstvorsorgepflicht die bessere Lösung, auch wenn die Umstellungsphase länger dauert.

Die Auswirkungen

Die gesamtwirtschaftlichen Auswirkungen einer solchen Reform kann man sich wie folgt vorstellen:

Mehr Kinder heißt mehr Arbeitsplätze und Bedarf im Inland. Mehr Kinder brauchen mehr Kindergärtner, Lehrer, Professoren, Dienstleister. Mehr Kinder bringen mehr neue Ideen. Weil mehr Mütter sich um ihre Kinder kümmern, bieten sich weniger Frauen für billigen Lohn auf dem Arbeitsmarkt an. Für Mütter wird der Wiedereinstieg in die Erwerbsarbeit erleichtert, weil man sie braucht und schätzt. Arbeitgeber bieten vermehrt Betriebskindergärten an, weil sie die Eltern brauchen. Es handelt sich um das beste und nachhaltigste Wirtschaftsförderungsprogramm. Sicher könnte es auch einmal Engpässe bei Lehrstellen und Studienplätzen geben, aber das pendelt sich erfahrungsgemäß wieder ein.

Wo man heute kaum kleine Kinder sieht, in den großen Hotels, könnten auch Familien mit Kindern eine Atmosphäre von Lebensfreude verbreiten. Die Vereine, beginnend vom Fußball bis zum Gesangverein würden vielleicht nicht weiter schrumpfen.

Neues Selbstvertrauen und Zuversicht könnte uns Deutsche wieder aufrichten, nicht um uns wieder gegen irgendjemand zu wenden, sondern um als Teil der Völker Europas unseren Platz einzunehmen. Wir haben viele schmerzliche Fehler gemacht, unter anderem auch mit unserem falsch organisierten Sozialstaat. Man kann aber durch Schaden klug werden und dafür ist es allerhöchste Zeit!

Die Auslands- und Fernreisen Deutscher gingen zurück. Doch machen wir uns keine Sorgen um die Bettenburgen an den schönen sonnigen Stränden. Weniger Deutsche wird man sehen, dafür vielleicht mehr Russen, Chinesen und Japaner. Gegenwärtig wird der hart erarbeitete Außenhandelsüberschuss, den wir mit unserer Exportindustrie erzielen, durch Luxusreisen von Kinderlosen und gut betuchten Pensionären im Ausland wieder verjubelt. Wenn junge Leute die Welt kennen lernen, dann nützt ihnen die Erfahrung ein Leben lang. Für Alte ist es Luxus. Sicher gibt es auch heute viele alte Menschen, die in Armut leben, aber im Durchschnitt sind die Alten besser versorgt als die Familien.

Die Studie der evangelischen Kirche in Deutschland *„Zwischen Autonomie und Angewiesenheit"* zitiert unter Punkt 85 wie folgt: *„Aus dem Deutschen Alterssurvey (BMFSFJ 2010b) geht hervor,* *dass private innerfamiliäre Sachleistungen ganz überwiegend von alt nach jung, d. h. in entgegengesetzter Richtung zu den öffentlichen Transferströmen fließen: Während rund 36 % der 70- bis 85-Jährigen ihre Kinder und Enkel mit Geld- und Sachleistungen bedenken, erhalten nur knapp über 2 % dieser älteren Generation eine finanzielle Unterstützung von ihren Familienangehörigen."*

Jürgen Liminski gibt die Summe der privaten jährlichen Umverteilung von alt nach jung mit 22 Mrd. € an. [67]

Die kinderlosen Alten sind im Durchschnitt mindestens genauso gut versorgt. Sie haben aber weniger Veranlassung, die falsch gelenkten Transferleistungen in die richtige Richtung umzudirigieren.

Zu den zwei Prozent, die in die Gegenrichtung fließen, gehören folgende Fälle: Die Mutter ist im Pflegeheim. Ihre Ersparnisse sind aufgebraucht. Die Rente und Pflegeversicherung reichen zur Finanzierung nicht mehr aus. Das Sozialamt übernimmt den Rest, um sich dann so viel, wie das Gesetz erlaubt, wieder von ihren zwei Kindern zu holen. Hätte sie keine Kinder, müsste die Allgemeinheit komplett dafür aufkommen. So sind deutsche Gesetze.

5. Zusammenfassung

Ein sozialer Staat, der hilft, die Risiken des Lebens zu mildern, ist vernünftig, aber er muss für eine faire Verteilung von Rechten und Pflichten sorgen. Der Staat sollte nur dort aktiv werden, wo dieses Grundprinzip aus dem Ruder zu laufen droht.

---

[67] Liminski, Die verratene Familie, S. 155

Jeder Sozialstaat muss nachhaltig organisiert sein. Dazu gehört, dass ein gesunder Mensch in seinem Leben nicht mehr verbraucht als er erarbeitet. Es wurde nachgewiesen, dass unser Steuer- und Sozialsystem diese Anforderungen nicht erfüllt. Die Grundzüge für eine radikale Reform wurden aufgezeigt.

In einem ersten Schritt müssen die 400.000 €, die ein kinderloses Paar, und die 100.000 €, die ein Paar in Deutschland mit einem Kind im Laufe seines Lebens von den Paaren mit zwei und mehr Kindern transferiert erhält, bei den systembedingt beraubten Eltern belassen werden.

Damit wurde hier der Versuch unternommen, die Aussagen von Stefan Fuchs zu korrigieren, die er in seinem Buch „Gesellschaft ohne Kinder" trifft. Er sagt gleichlautend mit den meisten Politikern und Medien, dass Einflussnahmen der Politik nichts bewirken können, weil sich die Lebensformen mit dem „zweiten demografischen Übergang" gewandelt haben. In den vorausgegangenen Ausführungen wurde aber nachgewiesen, dass unser deutsches Steuer- und Sozialsystem die individualistischen Lebensformen massiv subventioniert. Diese Subventionen beeinflussen ohne Zweifel das Verhalten, die Entscheidungen, also die Lebensformen. Deshalb müssen erst einmal die schreienden Ungerechtigkeiten beseitigt werden, bevor wir die neuen Lebensformen für unveränderbar halten. Die von allen genutzte öffentliche „Wiese" Sozialstaat muss besser gemanagt werden.

Auch wenn der Autor diesen Aspekt für den Wichtigsten hält, brauchen wir eine ethische und moralische Wende in unserem Denken. Dazu seien nur die wichtigsten Punkte genannt.

Obwohl wir Deutsche sind mit schwieriger Vergangenheit, haben wir das Recht und die Pflicht, Kinder zu zeugen und in der Familie aufwachsen zu lassen.

Wer von Liebe redet, sollte sie durch Treue in der Ehe erhalten und so seinen Kindern ein Grundvertrauen zu Gottes Liebe ins Herz pflanzen. Eines der 10 Gebote lautet: „Du sollst nicht Ehe brechen."

Ein Recht auf Abtreibung gibt es nicht. Abtreibung in jeder Form muss wieder Unrecht genannt werden und das Lebensrecht des ungeborenen Menschen ist ab der Empfängnis auch durch das Strafrecht zu schützen. Wir sind alle Menschen von Anfang an. Prof. Dr. Robert Spaemann sagt: „Aus Etwas wird nicht Jemand." Alle Formen der staatlichen Finanzierung von Abtreibungen müssen beseitigt werden.

Die Verschlankung des Staatsapparates und die Vereinfachung des Steuersystems sind dringend zu verwirklichen.

6. Einwurf: Das bedingungslose Grundeinkommen

Bücher sind darüber auf dem Markt, Vorträge werden gehalten, die Parteien diskutieren darüber und schreiben wie die Piraten die Forderung 2013 in Wahlprogramme. Wäre das nicht der ganz große Wurf, mit dem alle Probleme, auch die der Familie, der Armen und der Rentner elegant gelöst werden könnten?

Was versteht man unter einem bedingungslosen Grundeinkommen (BGE)? Weil die Konzepte außerordentlich vielgestaltig sind, sollen in diesem Rahmen nur die Grundgedanken genannt werden.

Die Verwaltung unseres sozialen Staates ist äußerst kompliziert und damit auch aufwändig geworden. Der Leistungsempfänger muss Anträge stellen und allzu häufig erst einmal nachweisen, dass er bedürftig ist. Das ist mit viel Bürokratie verbunden und für die Betroffenen oft sehr demütigend. So entwickelten sich Ideen, jedem Menschen das Existenzminimum durch den Staat zu sichern und das zu finanzieren mit Hilfe der Riesensummen, die man bisher ohnehin ausgibt inklusive der Einsparungen durch den Wegfall der „Genehmigungsbehörden". Das lässt sich sogar einigermaßen schlüssig mit Zahlen belegen.

Dabei darf man aber folgendes nicht außer Acht lassen:

Alle Berechnungen legen die Wirtschaftsleistung des bestehenden marktwirtschaftlichen - oder auch kapitalistischen - Systems zugrunde. In diesem Wirtschaftssystem veranlassen uns existenzbedrohende Zwänge, pünktlich aufzustehen, trotz oft widriger Umstände unseren Job zu machen, uns mit den Kollegen zu arrangieren und mit dem schwierigen Chef zurecht zu kommen. Viele Betriebe stehen in hartem weltweiten Konkurrenzkampf und dieser Druck kommt letztlich irgendwie bei jedem an.

Mit einem BGE ginge eine große Entspannung durch die ganze Gesellschaft. Die Überlegungen des Einzelnen gingen dann oft in folgende Richtung: Ich verhungere erst einmal nicht, wenn ich diesen Job hinwerfe, wenn ich nicht mehr so weit fahre, die Nachtarbeit aufkündige oder die Auslandsreisen mit den wochenlangen Montageaufenthalten nicht mehr mitmache. Recht bald fielen alle schönen Berechnungen in sich zusammen, die auf den gegenwärtigen Wirtschaftsleistungen beruhen, denn mit dem BGE würde eine völlig andere Wirtschaftsordnung eingeführt.

Wer das nicht glaubt, kann bei Dr. Jürgen Borchert nachlesen[68]: Er berichtet von der sogenannten *„Speenhamland"*-Gesetzgebung in England in den Jahren 1795 bis 1834. Auch ein Blick nach Kuba kann uns helfen.

Aber wir haben im eigenen Land Beispiele, wenn wir genau

---

[68] Vgl. Borchert, Sozialstaatsdämmerung, S. 215

hinschauen. In der DDR hatte jeder einen Arbeitsplatz und keiner musste hungern, also eine gewisse Form von Grundsicherung war vorhanden. Wer es noch erlebt hat, wird bestätigen, dass man in manchen Betrieben seinen Job gelassener als heute machen konnte.

Und warum wurde Deutschland nach den Hartz-Reformen auf dem Weltmarkt wieder konkurrenzfähiger? Weil man eine Form des bedingungslosen Grundeinkommens zurückgestutzt hat. Die Voraussetzungen für ein arbeitsloses Einkommen wurden gestrafft. Für manche war es hart, aber für das Land als Ganzes von Vorteil.

Die Ideen mit den verschiedenen BGE, die auch manchmal Existenzgeld oder Bürgergeld genannt werden, stammen meistens von Menschen, die selbst interessante Tätigkeiten verrichten, an denen sie Freude haben. Sie können sich nicht vorstellen, dass viele andere nur durch elementare Zwänge dazu veranlasst werden, ihr Einkommen durch eine ungeliebte Arbeit zu erlangen. Aber es ist nun einmal so, dass nicht alle Menschen gerne aus innerem Antrieb arbeiten. Eine falsche Meinung über das Wesen des Menschen hat schon so manche Utopie geboren.

Ich halte von BGE nichts. Eine freie Wirtschaft ist effektiver. In dieser dürfen wir allerdings nicht aufhören, an der Zügelung des Kapitalismus durch verbesserte Gesetze und effektivere Kontrolle zu arbeiten.

7. Wahlrecht ab Geburt

Die Einführung eines Wahlrechts ab Geburt wäre ein Weg, der zu mehr Gerechtigkeit gegenüber den Familien führen würde.

Was ist mit einem Wahlrecht von Geburt an gemeint?

Obwohl unsere Verfassung jedem deutschen Staatsbürger das

Wahlrecht zugesteht, dürfen Kinder erst im Alter von 18 Jahren an der Bundestagswahl teilnehmen. Abweichungen für die Landtagswahlen gibt es in einzelnen Bundesländern. Dadurch werden gegenwärtig ca.16 % aller Staatsbürger von der Wahl des Deutschen Bundestages und des Europäischen Parlaments ausgeschlossen.

Solche Ausschlüsse gab es zahlreich in der Geschichte der Demokratien. Betroffen waren Frauen, Juden, Menschen mit einer anderen Religion, Besitzlose und Personen unter 30 Jahren. Nach und nach wurden die Begründungen für deren Ausschluss verworfen. Nur die Kinder sind immer noch ausgeschlossen. Folglich bezeichnet Gerhart Meixner unsere Demokratie als eine „Teildemokratie". Frau Dr. Lore Maria Peschel-Gutzeit führt in einem höchst informativen Aufsatz, veröffentlicht von der Liga für das Kind am 30. Januar 2014, viele Pro- und Kontra-Argumente und juristische Überlegungen an.

Mit den juristischen Feinheiten hat sich Gerhart Meixner seit vielen Jahren befasst. Er hat herausgearbeitet, dass die Eltern höchstpersönlich für das Kind so lange sehr vieles entscheiden müssen, bis es volljährig ist (beim Kindergeld sogar bis zum 25. Lebensjahr) und dass dazu auch die Ausübung des Wahlrechtes gehören müsste.

Solange die Eltern für ihre noch nicht volljährigen Kinder immer wieder letztverantwortlich entscheiden müssen, sollen sie auch bei Wahlen für diese eine Stimme abgeben dürfen. Probleme bei der Umsetzung werden von den Gegnern nur herbeigeredet, lassen sich aber leicht entkräften.

Die politische Wirkung wäre, dass Eltern mit minderjährigen Kindern bei Wahlen ein größeres Gewicht hätten. Im Durchschnitt kann man annehmen, dass sie eher an die Zukunft denken als

Menschen, die keine Kinder haben.

Befürworter gibt es schon viele, unter anderen den ehemaligen Bundespräsident Roman Herzog, die ehemalige Familienministerin Renate Schmidt, Hans-Olav Henkel, Hermann Otto Solms, Johannes Singhammer, den ehemaligen Verfassungsrichter Paul Kirchhof, die ehemaligen Ministerpräsidenten Georg Milbradt (Sachsen) und Erwin Teufel (Baden-Württemberg) sowie den Münchner Juristen und Sozialwissenschaftler Kurt-Peter Merk.

8. Politische Öffentlichkeitsarbeit

Wie können wir das in der praktischen Politik umsetzen?

Jede erdenkliche Möglichkeit muss genutzt werden, um die Fakten allgemeinverständlich zu publizieren. Nichts ist so interessant wie die Wahrheit und nach Gerechtigkeit sehnen sich die meisten Menschen, wo immer sie leben.

Allen, die sich noch dagegen sträuben, weil sie für sich bei Verwirklichung der bisher genannten Ziele erst einmal Nachteile befürchten, muss man sagen: Wenn sie noch einen Funken Mut haben, können sie erkennen, dass diese Ängste unbegründet sind.

Wenn wir erreichen, dass statt über 30 % nur noch 10 % der Menschen ohne Kinder bleiben und dass jeder Mensch im Durchschnitt wenigstens einen Nachkommen hat, dann brauchen wir - auch die schicksalsbedingt Kinderlosen - keine Angst vor einem Pflegenotstand oder vor einer Verarmung im Alter zu haben. Die ganze Gesellschaft würde gewinnen und ihren Charakter zum Positiven verändern.

Zunächst muss darauf hingearbeitet werden, dass der objektiv unerlässliche Beitrag einer breit gestreuten Elternschaft zu gesellschaftlicher Nachhaltigkeit erkannt wird und ein Weg hin zu einer gerechten Beteiligung der Kinderlosen und Ein-Kind-Paare an den Lasten unseres Gemeinwesens gewiesen wird. Diesem Ziel soll dieses Buch dienen. Deshalb appelliere ich an Sie: Greifen Sie in Diskussionen ein. Schreiben Sie Leserbriefe. Reden Sie mit ihren Bekannten und Freunden, ihren Abgeordneten in den Parlamenten. Arbeiten Sie in einer Partei mit, von der Sie hoffen, dass sie der richtigen Umgestaltung dient.

Andere tun das schon lange. Obwohl ich Gefahr laufe, wichtige Personen und Organisationen zu vergessen, will ich doch einige nennen, die bisher noch nicht genannt wurden.

Als ich vor ca. 20 Jahren begann, mich mit dem Thema zu beschäftigen, waren es die Publikationen von Alfred Rollinger, damals Vizepräsident des Sozialgerichts in Trier und früherer Vorsitzender des Familienbundes der Deutschen Katholiken im Bistum Trier, und die Publikationen von Dr. Johannes Resch, die mir halfen, das Dickicht des sozialstaatlichen Urwaldes zu durchdringen. Resch arbeitet schon seit Jahren in der ÖDP mit, gleichzeitig in der Familien-Partei Deutschlands und neuerdings auch als Stellvertretender Vorsitzender im Verband Familienarbeit e.V., nicht um irgendeine einträgliche politische Rolle zu spielen, er will vielmehr den genannten Organisationen den richtigen genetischen Code einpflanzen.

Helga Rössner aus Baden-Württemberg wandte sich – leider erfolglos – schon in den 90er Jahren an das Bundesverfassungsgericht, weil ihre Lebensleistung als sechsfache Mutter in der Altersversorgung fast unberücksichtigt blieb.

Der Kinderarzt Dr. Franz-Josef Breyer, der frühere Vorsitzende (von 1989 bis 2006) der Familien-Partei Deutschlands war es, der meiner Frau und mir das politische Ein-Mal-Eins beibrachte, wie in einer Demokratie etwas verändert werden kann.

Nennen muss ich Hartmut Steeb, den langjährigen Generalsekretär der Evangelischen Allianz. Als Vater von 10 Kindern weiß er, wovon wir reden.

Dann ist da Martin Lohmann, seit 2009 Vorsitzender des Bundesverbandes Lebensrecht. Er trat im September 2013 aus der CDU aus und sagte u. a. in einem Interview mit Peter Kapern vom Deutschlandfunk am 20.09.13: *„Wissen Sie, die Vorsitzende der CDU ist eine exzellente Machtpolitikerin, aber sie hat die Partei gewissermaßen sanft halbnarkotisiert und das Inhaltsrückgrat herausoperiert. Das macht zwar unheimlich flexibel und elastisch, aber es verbietet die Standfestigkeit..."*

Aber in der CDU gibt es auch noch Leute wie Karl-Heinz B. van Lier, Landesbeauftragter der Konrad-Adenauer-Stiftung für Rheinland-Pfalz und Leiter des politischen Bildungsforums Rheinland-Pfalz. Beharrlich veranstaltet er immer wieder Vortragsreihen mit guten Referenten zum Thema Familie.

Ein langjähriger Kämpfer für die Belange der Familie ist Jürgen Liminski, gegenwärtig Redakteur beim Deutschlandfunk. Er hat, wie eingangs erwähnt, ein an Fakten reiches Buch mit dem Titel *„Die verratene Familie"* geschrieben. Seine Vorschläge für eine Therapie unseres Sozialsystems sind mir noch zu wenig konkret und zu wenig revolutionär. Das war aber auch nicht das erklärte Ziel seiner Arbeit.

Nicht vergessen will ich an dieser Stelle auch Frau Dr. Claudia Kaminski, die langjährige Vorsitzende der *„Aktion Lebensrecht für Alle"*. Wenn bei ihr der Lebensschutz auch zunächst Priorität hat, so weiß sie um die großen politischen Zusammenhänge und gab deshalb Herrn Dr. Clemens Christmann für seine weiter oben erwähnte Arbeit eine Plattform.

Als ich noch an die Therapie durch ein Erziehungsgehalt glaubte, schrieb mir Franz Harder und erklärte mir, dass das ein Holzweg ist.

Auch Prof. Dr. Dr. Hans-Werner Sinn gehört zu denjenigen, die zu unserem Thema einen Durchblick haben. Im Fernsehen wurde ich Zeuge, als er zu unserer Bundeskanzlerin Frau Merkel (sinngemäß) sagte: *„Sie machen eine Politik, als ob die Kinder da wären, die es aber doch gar nicht gibt."* Frau Merkel ging nicht darauf ein. Wo sie keine Lösung hat, sieht sie kein Problem.

Frau Dr. phil. Karin Jäckel hat zu unserem Thema viel veröffentlicht. In ihrem Buch *„Deutschland frisst seine Kinder"* plädiert sie leidenschaftlich für ein Umdenken und eine Trendwende in der Familienpolitik. Inzwischen ist schon wieder eine halbe Generation vergangen und diese Wende ist immer noch ausgeblieben.

Der Publizist Stephan Baier hat 2004 sein Buch *„kinderlos – Europa in der demographischen Falle"* publiziert.

Birgit Kelle gehört zu der Generation, die inzwischen zu einer echten Emanzipation der Frau aufruft, zu einer Rolle der Frau, die ihren speziellen Gaben und Fähigkeiten entspricht und deshalb die Mutterschaft mit einschließt. Wie ein Mann zu werden, ist für sie keine Freiheit. In ihrem Buch *„Mach doch die Bluse zu"* hat sie ihre Gedanken brillant dargelegt.

An der Art und Weise, wie man Eva Herman aus den Medien hinausgemobbt hat, kann jeder erkennen, wie vermint dieses Feld der Politik ist. Es wird für jeden, der hier an den Grundlagen rüttelt, in ähnlicher Weise gefährlich wie für diejenigen, die in der DDR den Dialektischen Materialismus in Frage stellen wollten. Es ist kein Spaziergang!

Stefan Fuchs ist Geschäftsführer der Gesellschaft für Demographie. Er hat unter dem oben bereits mehrfach erwähnten

Titel *„Gesellschaft ohne Kinder"* ein wissenschaftliches Standardwerk geschaffen, das den nationalen Rahmen sprengt und statistisches Material aus vielen Industrie- und Schwellenländern auswertet. Er hat nachgewiesen, dass die deutsche Familienpolitik ihr von Renate Schmidt gestecktes Ziel der Nachhaltigkeit nicht erreicht hat, obwohl man die Messlatte für Nachhaltigkeit mit 1,7 Kindern pro Frau schon sehr niedrig gelegt hatte. Leider findet man in seinem Buch keinen Vorschlag, wie die Politik eine Lösung des Problems anpacken könnte, weil ihm entgangen ist, dass der „Lastenausgleich" zwischen Eltern und Kinderlosen seit Einführung des Sozialstaates nie ausreichend war und in den letzten Jahren sogar immer weiter abgebaut wurde.

Erst wenn dieser Lastenausgleich wirklich hergestellt wird und sich an der Geburtenrate trotzdem nichts verbessert, dann mag seine Behauptung aufrechterhalten werden, dass sich die *„individualistische Lebensformenrevolution"* (Stefan Fuchs) jeder politischen Steuerung widersetzt. Vorher aber nicht!

Für einen klugen Lastenausgleich und damit um eine *„Refamilialisierung"* ist der Kampf zu führen.

9. Wer kann helfen?

Organisationen im vor-parteilichen Raum

Die Organisationen im vor-parteilichen Raum, das heißt noch außerhalb der politischen Parteien sind bedeutsam für die Meinungsbildung. Wie wichtig sie werden können, hat sich in der Schlussphase der DDR gezeigt. Die Blockparteien waren gleichgeschaltet und für die öffentliche Meinungsbildung ungeeignet. Die Kirchen hatten in ihren Mauern noch einen gewissen Freiraum und waren nicht vollkommen durch die Stasi gelenkt. Deshalb fand dort Meinungsbildung statt. Im Gegenteil kann man sagen, dass die Kirchen in der DDR nach 44 Jahren Auseinandersetzung mit dem durch die Kommunisten gelenkten Staat durchsetzt waren mit überzeugten Gläubigen oder zumindest Menschen, die eine Nische gesucht hatten, in der sie etwas mehr Freiheit zum Denken und Reden hatten als an Schulen und Universitäten. Zählt man das III. Reich dazu, dann wurden die Kirchen erstmals in Deutschland vom Staat über zwei Generationen nicht privilegiert, sondern drangsaliert. Unter diesem Druck wuchsen Persönlichkeiten heran, die in der friedlichen Revolution von 1989 mutig Verantwortung übernahmen.

Die evangelische Kirche heute

Unser Thema betreffend sind es in den evangelischen Kirchen leider nur Einzelne, die einen Durchblick haben. Die evangelische Kirche in Deutschland hat ganz aktuell in ihrer „Orientierungshilfe" mit dem Thema *„Zwischen Autonomie und Angewiesenheit"-"Familie als verlässliche Gemeinschaft stärken",* das wichtige Thema Familie aufgegriffen und auf 160 Seiten bearbeitet. Der damalige Vorsitzende der EKD, Dr. h.c. Nikolaus Schneider, hat das Papier abgezeichnet.

Der Wortlaut ist im Internet zugänglich. Von den 14 Autoren waren 10 Frauen, den Vorsitz hatte Dr. Christine Bergmann, von 1998-2002 Familienministerin im ersten Kabinett von Gerhard Schröder, ihre Stellvertreterin war Dr. Ute Gerhard.

Orientierung gibt das Papier allerdings nur an wenigen Punkten, hauptsächlich da, wo es um darum geht, wie und wo die Kirche in der sich ändernden Gesellschaft ihren Platz einnehmen soll. Große Teile des Textes sind aber nur eine Beschreibung des gegenwärtigen Zustandes unserer Gesellschaft. Historiker, die sich in hundert Jahren mit unserer Zeit befassen, werden darin einen zeitgenössischen Spiegel finden.

Die Autorinnen und Autoren schafften es nicht, einen festen fundierten Standpunkt zu erarbeiten, von dem aus es möglich wäre, die aktuell modischen Meinungen zu beurteilen. So wird auch in der Orientierungshilfe die legitime Forderung nach gleichen Rechten für die Frau verwechselt mit ihrer Gleichstellung, das heißt der Übernahme gleicher Rollen für Mann und Frau. Gleiche Rechte für Mann und Frau müssen aber nicht dazu führen, dass beide überall gleiche Aufgaben übernehmen.

Die gleichgeschlechtliche Partnerschaft wird von den Autorinnen und Autoren mit einer Ehe gleichgesetzt, nur weil sie auf Dauer angelegt und auf Liebe gegründet sei. Die einzig verbleibende ethische Anforderung, die an jedwede Partnerschaft gestellt wird, ist, dass sie auf Verlässlichkeit und Dauer angelegt und durch „Liebe" getragen wird. Um eine Definition dessen, was Liebe ist, bemühen sie sich nicht. Da Verlässlichkeit aber immer nur am Beginn versprochen werden muss und bei Wortbruch keine Sanktionen folgen, kann sich eine solche meistens kinderlose Partnerschaft ziemlich leicht geräuschlos wieder auflösen.

Die Autoren der Denkschrift sind so sehr um Gleichstellung der verschiedenen Lebensentwürfe bemüht, dass man die Frage stellen muss, ob sich die Aussagen noch mit dem Grundgesetz decken, dessen Artikel 6 unter anderem lautet: *„Ehe und Familie stehen unter dem besonderen Schutz der staatlichen Ordnung"*.

Dieser Gesetzestext hat seinen Grund in der Einsicht, dass es ohne die Familien keinen Fortbestand des Volkes gibt. Wird nicht der *besondere* Schutz der Familie aufgehoben, wenn wir den gleichen Schutz auch den eingetragenen Partnerschaften von Homosexuellen zugestehen, weil sie sich sonst diskriminiert fühlen?

Die fast 2000 Jahre alte Botschaft der Christen lautet: Jeder Mensch, der seine Zielverfehlung erkennt, kann zu der Glaubensgewissheit kommen, dass Jesus Christus für ihn gestorben ist, dass er von Gott begnadigt ist. Von diesem Zeitpunkt an denkt er um und versucht so zu leben, wie er meint, dass es sein neuer Herr will. Das eine geht ohne das andere nicht! Der Grundgedanke findet sich auch im Gebet der Christen, dem „Vater unser": „*Vergib uns unsere Schuld, wie wir denen vergeben, die an uns schuldig geworden sind.*"

Die erwähnte „Orientierungshilfe" der EKD unterschlägt diese Botschaft.

Die Bewertung der biblischen Texte erfolgt in dieser „Orientierung" nach folgendem Schema: Wenn die Bibel von so vielen verschiedenen bunten Familienbeziehungen berichtet und es heute ähnlich ist, dann können wir nicht behaupten, nur die aus der Ehe erwachsene Familie ist das einzige Modell nach Gottes Willen. So heißt es in der Denkschrift der EKD[69]: „*Ein normatives Verständnis der Ehe als "göttliche Stiftung" und eine Herleitung der traditionellen Geschlechterrollen aus der Schöpfungsordnung entspricht nicht der Breite des biblischen Zeugnisses. Wohl aber kommt bereits in der Schöpfungsgeschichte zum Ausdruck, dass Menschen auf ein Gegenüber angewiesen sind, an dem sich die eigene Identität entwickelt. In diesem Sinne ist die Ehe eine gute Gabe Gottes, die aber, wie das Neue Testament zeigt, nicht als einzige Lebensform gelten kann.*" Dafür wird auch noch Martin Luther bemüht mit seiner unglücklichen Bemerkung, dass die Ehe „ein weltlich Ding sei". Allerdings ist im Schöpfungsbericht das

---

[69] Bergmann und andere, Zwischen Autonomie und Angewiesenheit…, S. 54

Gegenüber des Mannes nicht irgendjemand, sondern die Frau, weil Gott den Mensch, die „Menschin" (*woman*), als Mann und Frau erschaffen hat. Nur der Mann verhilft der Frau zur Mutterschaft, nur die Frau dem Mann zur Vaterschaft. Die einzige Lebensform ist das nicht, aber die, auf der der Fortbestand der Menschheit beruht!

Die Autoren erkennen nicht, dass die volle Erwerbstätigkeit der Frau allzu häufig zu einer Überlastung führt, der sie nur entgehen kann, wenn sie die Mutterschaft verweigert. Manche Frau wurde erst schwanger, als sie ihre stressige Erwerbsarbeit aufgegeben hatte.

Summa summarum lässt das Papier der EKD die Leute ohne Orientierung weiter leben wie sie wollen, spendet ihnen den Segen und ruft über ihnen die Gnade Gottes aus – billige Gnade.

Dass die Autoren nicht nur gleiche Rechte, sondern die gleiche Rolle für Mann und Frau in der Bewältigung ihre familiären Pflichten anstreben, enthüllen sie mit folgender Formulierung[70]: *„Wichtig für die Zukunft ist die gesellschaftliche Neubewertung dieser fürsorglichen Tätigkeiten im Verhältnis zur Erwerbsarbeit."* Völlig richtig ist, eine angemessene Bezahlung von Pflegearbeiten zu fordern, aber sie überspannen den Bogen, wenn sie schreiben: *„Dazu bedarf es vor allem einer gerechteren Verteilung der Haus-, Sorge- und Pflegearbeit zwischen Männern und Frauen"*. Sie verkennen, dass das eine mit dem anderen überhaupt nichts zu tun hat.

Sollen, wenn das Klavier transportiert wird, immer zwei Männer und zwei Frauen anpacken oder darf die Familie nicht selbst entscheiden, wer das Baby wickelt? Die Wirtschaft nutzt doch

---

[70] Ebd, S. 144

auch die Arbeitsteilung. An die Arbeit wird gestellt, wer es am besten kann. Warum soll das in der Familie nicht gelten? Wer in der Familie das Geld heranschafft, wer es ausgibt und wie man die anfallende Arbeit koordiniert, das muss der Staat der Familie selbst überlassen. Die Sicht auf das Individuum muss ersetzt werden durch Fokussierung auf die Familie als eine Lebensgemeinschaft und Wirtschaftseinheit, die von staatlichem Hineinregieren frei zu halten ist. Die Familienarbeit, die Arbeit an den Kindern, bleibt in unserem System genau so wenig „entlohnt", wenn sie zur gleichen Hälfte vom Mann übernommen wird. Um es mit den Begriffen von Stefan Fuchs zu sagen: Die „Defamilialisierung" muss gestoppt und durch eine „Refamilialisierung" ersetzt werden.

Die Verfasserinnen und Verfasser der „Orientierung" konnten sich leider nicht lösen von der gegenwärtig im Trend liegenden Ideologie, dass es für alle gut und gerecht sei, wenn Mann und Frau zu gleichen Teilen sowohl an der Erwerbs- als auch an der Familienarbeit beteiligt sind.

Auf Seite 121 wird die Einführung eines Mindestlohnes als Lösung gegen Familienarmut genannt. Wir werden es bald erleben, wie wenig das nützt.

Das Problem der Abtreibung wird in der Orientierungshilfe nicht berührt.

Auch die konkreten Bedürfnisse der Kinder kommen in der Studie kaum in den Blick. Wäre das nicht wichtig in einer solchen Orientierungshilfe? Es sind doch die Kinder, die in ihrem Streben nach Autonomie so sehr angewiesen sind auf ihre Eltern und auf die Menschen, die um sie sind und ihnen zum guten oder schlechten Vorbild werden. Einsichten wie die folgenden fehlen in der Orientierung:

Am 15.02.14 nannte Jürgen Liminski im Rahmen der Diskussion

bei der Konrad-Adenauer-Stiftung in Mainz folgende Ergebnisse einer Befragung von Kindern: Sie waren befragt worden, ob ihre Eltern zu wenig Zeit für sie haben. Mit ja antworteten 70 % der Kinder von Eltern, die beide voll erwerbstätig waren, 35 % der Kinder von Alleinerziehenden, 28 % von Eltern, die beide arbeitslos waren, 8 % von Eltern, von denen einer in Teilzeit erwerbstätig war und 6 % von Eltern, bei denen nur ein Partner dem Broterwerb nachging. [71]

Kinder brauchen nicht nur Brot, sondern auch Zeit, und die ist für sie manchmal wertvoller als „Brot". Vor allem wir Männer sollten diese Zeit öfter beim Broterwerb einsparen und den Kindern schenken.

Die evangelische Kirche als Organisation in ihrer gegenwärtigen Verfassung fällt als Hilfe bei unserem Kampf aus.

Die katholische Kirche

Die katholische Kirche ist eher eine Stütze der Familie. Da wird keine „ad hoc Kommission" eingesetzt, sondern Papst Paul VI. verfasste bereits im Jahre 1968, als diese Fragen akut diskutiert wurden, die *„Enzyklika Humanae vitae"*. Umfangreiche Beratungen durch Kommissionen gingen aber auch da voraus.

In der katholischen Kirche bleibt die Ehe zwischen Mann und Frau ein Sakrament. (Nach Wikipedia: *Als Sakrament bezeichnet man in der christlichen Theologie einen Ritus, der als sichtbares Zeichen beziehungsweise als sichtbare Handlung eine unsichtbare Wirklichkeit Gottes vergegenwärtigt und an ihr teilhaben lässt.*) Sie ist für den Papst kein „weltlich Ding" wie bei Luther, wiewohl der seine Ehe durchaus als einer gelebt hat, der auch auf diesem

---

[71] Nach Mitschrift in der Diskussion

Gebiet seinen Glauben in die Tat umsetzen wollte. Unter Bismarck bemächtigte sich der deutsche Staat dieses „weltlichen Dings" und musste dann folgerichtig auch Normen setzen. Damals übernahm der Staat im Wesentlichen zunächst noch die von den Kirchen gesetzten Normen. Die Ausnahme bildete die Möglichkeit der Scheidung. Das ist für einen Staat auch vernünftig. Wie soll es denn weitergehen, wenn die Ehe nicht mehr gelebt wird? Dann müssen notgedrungen Regelungen getroffen werden, die noch Schlimmeres verhindern. Im alten Israel gab es diese Möglichkeit auch – allerdings sehr unfair - nur für Männer. Das geht u. a. hervor aus der Bibelstelle Evangelium Matthäus Kapitel 19 Vers 7. Inzwischen beginnt der Staat aber selbst zu definieren, was Ehe ist und auch was Familie ist. Die Basis dieser Norm-Setzung ist zunehmend die „öffentliche Meinung". Diese Diskussion wird so schnell nicht aufhören. Wie wird das, wenn ein Mann gleichzeitig mit mehreren Frauen in „Liebe" dauerhaft, verlässlich und einvernehmlich zusammenleben will oder eine Frau mit mehreren Männern? Da kann man gespannt sein.

Aber zurück zur oben genannten Enzyklika. Unser Thema betreffend sind folgende Aussagen der Enzyklika von Bedeutung: Unter Absatz 11. schreibt der Papst: *„… Indem die Kirche die Menschen zur Beobachtung des von ihr in beständiger Lehre ausgelegten natürlichen Sittengesetzes anhält, lehrt sie nun, dass «jeder eheliche Akt» von sich aus auf die Erzeugung menschlichen Lebens hingeordnet bleiben muss."*

Unter Absatz 16. folgt dann: *„…Wenn also gerechte Gründe dafür sprechen, Abstände einzuhalten in der Reihenfolge der Geburten - Gründe, die sich aus der körperlichen oder seelischen Situation der Gatten oder aus äußeren Verhältnissen ergeben -, ist es nach kirchlicher Lehre den Gatten erlaubt, dem natürlichen Zyklus der Zeugungsfunktionen zu folgen, dabei den ehelichen Verkehr auf die* *empfängnisfreien Zeiten zu beschränken und die Kinderzahl so zu planen, dass die oben dargelegten sittlichen Grundsätze nicht verletzt werden."*

Auch wenn der Papst diese Formulierungen unterzeichnet hat, kann man nicht umhin, einen Widerspruch zu erkennen. Sicher ist die Nutzung der empfängnisfreien Zeiten die der Ehe am besten dienende Geburtenregelung, erfordert sie doch intensive Gespräche und Abstimmung der Ehepartner. In diesem Sinne ist die Begründung eine andere.

Die grundlegende Frage ist aber, ob die Kirche Geburtenregelung erlaubt oder nicht. Wenn sie das in unsere Freiheit stellt, in unsere Verantwortung übergibt - und das tut Papst Paul VI. im zweiten Absatz -, dann verlagert sich nämlich diese Frage aus dem Schlafzimmer in unser Herz. Dann sind wir gefragt nach unserer Stellung zu Kindern. Wollen wir welche? Haben wir den Mut? Sind wir bereit zu Verzicht? Sehen wir es ein, dass Kinder gebraucht werden? Achten wir ihr ureigenes Recht auf Leben von Anfang an?

Die Frage, wie wir als Ehepartner unseren Entschluss zur Familienplanung umsetzen, steht dann nicht mehr an erster Stelle. Beim Wie scheiden für gläubige Christen Methoden wie Spirale und Abtreibung aus, weil sie einem befruchteten Ei - das heißt einem Menschen - das Leben nehmen würden. Zu wenig bekannt ist, dass auch die klassischen Antibabypillen aus „Sicherheitsgründen" Nidationshemmer enthalten, die dann, wenn die Ovulationshemmer nicht wirken, das Einnisten des befruchteten Eis verhindern. Sie wirken also nicht nur verhütend, sondern auch abtreibend!

Bei der Pille danach wird die Ovulation hinausgezögert, wenn sie nicht schon erfolgt ist. In wie weit diese Pille auch nidationshemmend wirkt, ist wissenschaftlich umstritten. Weil man nicht genau weiß (oder nicht bekannt macht), welche der beiden Wirkungsweisen das gewünschte Ergebnis erzielt, ist eine unerträgliche Unklarheit entstanden. Wenn also die katholische Kirche gegenwärtig im Falle einer Vergewaltigung die Pille danach erlaubt, dann nur deshalb, weil sie hofft, dass diese Pille nur über die Ovulationshemmung wirksam ist. Eine aufgezwungene Schwangerschaft soll so verhindert werden, bevor ein neuer Mensch entstanden ist.

Ist da nicht der Wunsch der Vater des Gedankens? Kann man den Kopf eines Menschen verwetten, auch wenn das Risiko gering ist?

Eine Klärung der Wirkungsweise dieser Pillen ist dringend erforderlich. In der Zeitschrift *Lebensforum der Aktion Lebensrecht für Alle (ALfA) Nr.106/2013* wird darüber informiert, dass „die Pille danach" in Deutschland jährlich etwa 400.000 Mal zum Einsatz kommt. Damals gab es die Pille nur mit Rezept. Nach Wegfall der Rezeptpflicht meldete *ALfA* in *„Lebenszeichen"* einen Absatz von ca. 60 000 im Monat. Schädigt sie die Menschen, die in wenigen Fällen trotzdem geboren werden? Bleiben die Wirkstoffe ohne negativen Einfluss auf die Eierstöcke?

Was ist mit der Seele der potentiellen Eltern, die das, was zur „guten Hoffnung" hätte werden können, jährlich 720.000 Mal als Notfall behandeln?

Zurück zu Humanae vitae.

Es ist kein Geheimnis, dass die deutschen katholischen Bischöfe den Widerspruch in der Enzyklika wahrscheinlich auch erkannten. Leider wurde damals in der Öffentlichkeit hauptsächlich über die Antibabypille diskutiert, aber kaum darüber, dass viele von uns „anti Baby" eingestellt sind. An dieser Stelle ist dringend ein Umdenken erforderlich.

Auf die katholische Kirche als Organisation können wir bis jetzt im Großen und Ganzen noch zählen, wenn es um Kinder und Familie geht. Natürlich wäre es noch viel besser, wenn sie mit gutem Beispiel voranginge, die Priester heiraten ließe und mit anderen Kirchen in den Wettstreit treten würde, wer die vorbildlicheren Familien hat. *„Was du bist, schreit so laut, dass ich nicht hören kann, was du sagst!"* sagte ein kluger Mensch.

Die Evangelische Allianz

Unser Thema betreffend sind neben der katholischen Kirche eher noch die Freikirchen als Verbündete zu sehen. Deren gibt es aber viele verschiedene. Für die meisten bündelt die Evangelische Allianz ihre Stimmen.

Die Gewerkschaften

Die Gewerkschaften wollen für ihre Mitglieder die Arbeitsbedingungen und Entlohnung sichern und verbessern. Man kann von ihnen nicht verlangen, dass sie zu jedem in der Gesellschaft diskutierten Problem eine einheitliche Meinung äußern. Trotzdem tun das einzelne Funktionäre immer wieder einmal und sprechen - weil sie das Mikrofon gerade in der Hand haben - im Namen von Millionen, die sie aber dazu vorher nicht befragt haben. Das passiert in allen Organisationen. In der Regel hört man da die Meinungen, die gerade von der Mehrheit für fortschrittlich gehalten werden. Wir können das zum Grundrauschen der öffentlichen Meinung zählen; Orientierung ist da kaum zu erwarten.

Der Verband Familienarbeit e. V.

Der Verband Familienarbeit e.v. definiert sich wie folgt:
„Verband zur Förderung der eigenständigen finanziellen und sozialen Sicherung bei Familienarbeit".

Dazu der Verband selbst: *„Der Verband Familienarbeit entwickelte sich aus der 1979 gegründeten Deutschen Hausfrauengewerkschaft e.v. (im Jahr 2000 umbenannt in Verband der Familienfrauen und -männer e.V.). Auf dem Höhepunkt der Emanzipationsbewegung erklärte die Soziologin und Gründerin Dr. Gerhild Heuer, dass es eigentlich eine Hausfrauengewerkschaft geben muss, damit Hausarbeit und Erwerbsarbeit gleichgestellt werden. Hausarbeit und Pflegearbeit dürften nicht weiterhin zu Altersarmut und Abhängigkeit führen. Dies war die Geburtsstunde der Deutschen Hausfrauengewerkschaft. Tausende Frauen traten spontan dem Verband bei."*

Wir haben es hier mit einer Organisation der Frauenemanzipation zu tun, die die Hausfrau und Mutter nicht ausgeblendet, sondern völlig zu Recht in die Mitte gestellt hat. Naheliegend nannte man sich zunächst „Gewerkschaft", bis sich wohl die Erkenntnis durchsetzte, dass Gewerkschaften als Druckmittel den Streik nutzen können, die Hausfrauen damit aber die Falschen treffen würden, nämlich Ehemann und Kinder. Wahrscheinlich müssten sie das Chaos, wenn sie denn streikten, danach selbst aufräumen. Das einzige Mittel, das dem Verband Familienarbeit zur Verfügung steht, ist die Überzeugungsarbeit. Das tut er mit sehr informativen Publikationen in seiner Verbandszeitschrift *„Familienarbeit heute".*

Die Umbenennung im Jahr 2000 in "Verband der Familienfrauen und -männer e.V." war sicher ausgelöst durch die Erkenntnis, dass ein Mann, übernimmt er die Rolle des Hausmannes, genauso ausgebeutet wird wie eine Hausfrau. Die nächste Umbenennung stellt klar, dass es also die Nichtbewertung der Familienarbeit im Sozialsystem ist, die zur Ausbeutung derjenigen führt, die diese für die Gemeinschaft lebenswichtige Arbeit übernehmen.

Fragen wir nun, was dieser Verband erreicht hat, der doch mit hohem Engagement schon 35 Jahre lang für Wahrheit und Gerechtigkeit kämpft, dann ist es mir ein Anliegen anzuerkennen, dass es nicht zu verachten ist, wenn die Wahrheit publiziert wird und irgendwo schwarz auf weiß zu lesen ist. Die Hoffnung bleibt, dass sie sich irgendwann durchsetzt. Erreicht hat der Verband immerhin, dass die eine oder andere irreführende Sprachregelung korrigiert wurde. So spricht man jetzt nicht mehr von Babyurlaub oder Familienurlaub, sondern von Familienzeit.

Völlig gescheitert ist der Verband bis jetzt mit seiner Forderung nach einem Erziehungsgehalt, das die an Kindern in der eigenen Familie geleistete Arbeit gleichwertig zur Erwerbsarbeit vergüten soll. Man denke nur daran, wie alle etablierten Parteien (außer der CSU) alle Register gezogen haben, um gegen das Betreuungsgeld für Eltern zu wettern, die ihre Kleinkinder selbst betreuen. Der Verband will ganz bewusst überparteilich bleiben. Er sollte aber erkennen, dass Politiker der etablieren Parteien ein Interesse daran haben, dass seine Forderungen im vor-parteilichen Raum bleiben und von dort aus nicht an ihrer Machtbasis rütteln. Sie schicken möglicherweise deshalb sogar Politikerinnen in den Verband, die dafür sorgen sollen, dass das so bleibt.

Deshalb sei diesem Verband geraten, eine bestehende Partei auszuwählen, die ihre Ziele im Wesentlichen vertritt und ihren Mitgliedern dort zum Eintritt zu raten. Mit diesem mutigen Entschluss hätten sie dadurch einen machtpolitisch wirksamen Hebel, um etwas zu bewegen.

Das Heidelberger Büro für Familienfragen und soziale Sicherheit

Das Büro hat sehr viele Veranstaltungen organisiert, Studien angeregt und zu den Fragen der Familie sehr umfangreich publiziert. So wichtig und hilfreich diese Arbeit ist, für die Durchsetzung der erhobenen Forderungen fehlt die reale Macht. So appelliert man eben wie andere ähnliche Organisationen an das mediale und politische Establishment und hofft auf deren Einsicht. Man kann es auch so sagen: Das Heidelberger Büro produziert reichlich familienfreundliche Munition, hat aber keine Kanonen, die diese abschießen. Es wird allerhöchste Zeit, dass sich eine Partei dieser Munition bemächtigt und mit ihren Mitteln verschießt.

Leider hat auch das Heidelberger Büro als zentrale Forderung ein „angemessenes" Erziehungsgehalt. Das ist die finanzielle Verdichtung des Rufes nach mehr Hilfe für die Familien. Die Familien brauchen aber keine Hilfe, sondern sie müssen befreit werden von der Transferausbeutung durch unser Steuer- und Sozialsystem.

Der Deutsche Familienverband e. V. und Familienbund der Katholiken

Beide Verbände sind keine Parteien und können folglich nur an diese appellieren. Im Jahre 2015 haben sie eine Klage beim Bundessozialgericht angestrengt und dies mit dem Ruf: *„Wir jammern nicht - wir klagen"* medienwirksam lanciert. Nehmen die Gerichte eine solche Klage nicht an, dann ist gleich wieder alle Mühe vergeblich. Wird ein Urteil zu Gunsten der Kläger gefällt, dann bleibt immer noch die zweite Hürde zu nehmen, die einer wirkungsvollen Gesetzesänderung. Dazu braucht man wieder die Parteien.

Wie müssen wir vorgehen?

Um eine grundsätzliche Änderung des Systems zu erreichen brauchen wir eine Revolution. Dass aber Familien auf die Straße gehen und Barrikaden errichten, darauf wird kein vernünftiger Mensch hoffen. Wer würde zuhause die Kinder versorgen, während Mama und Papa den Bundestag belagern? Nun muss aber eine Revolution nicht immer nach dem Vorbild von 1789 in Paris oder 1917 in Russland ablaufen. Und ob es nach einer solchen Revolution unter dem Strich besser wäre als vorher, das sei dahingestellt. Aber da gibt es ja noch die Revolution von 1989, das Wunder der Wende, einer Umwälzung ohne Galgen und Guillotine. Es war eine Revolution. Das Wort Wende ist dafür zu schwach; es sei denn, man will das, was wir Revolution nennen, nicht nach dem Grad der Systemänderung beurteilen, sondern nach der Zahl der abgeschlagenen Köpfe. Um den Sozialstaat gründlich umzubauen, brauchen wir noch einmal solch eine Revolution für ganz Deutschland. Auf der Straße erkämpft kann ich mir das aber in Deutschland nicht vorstellen.

Deshalb müssen wir wissen, wie die Demokratie funktioniert.

Die Abgeordneten der Parlamente wollen gewählt werden. Im lokalen Bereich kann ein Kandidat ohne Partei antreten, weil er als Person bekannt ist. Sobald es anonymer wird, geht es nicht ohne Parteien, die Interessen in Programmen bündeln und Leute benennen, die für diese Programme werben. Nur ein Mittel gibt es, den Kurs einer Partei zu beeinflussen, nämlich dafür zu sorgen, dass sie bei der Wahl Stimmen verliert, wenn sie nicht das tut, was wir wollen, und dass sie Stimmen hinzugewinnt, wenn uns ihr

Kurs gefällt. So funktioniert nun einmal die Demokratie. Stimmenverlust ist Machtverlust. Die oben genannten Organisationen im vor-parteilichen Raum haben deshalb so wenig Macht, weil sie den Parteien bei Wahlen keine Mandate abnehmen können. Sie haben als Waffe nur das gute Argument. Wenn wir Veränderung ohne Mord und Totschlag wollen, müssen wir lernen, auf dem Klavier der demokratischen Machtverteilung zu spielen.

Auch in der Demokratie sitzen viele Leute deshalb oben, weil sie einen Instinkt für die Macht haben. Sie werden sich nur bewegen, wenn man einen Weg findet, an der Basis ihrer Macht zu rütteln.

Bei Vera Lengsfeld findet sich folgende Passage:[72]

„An diesem Tag geschieht etwas ganz Unerhörtes: die Veröffentlichung eines Briefes, in dem verschiedene Oppositionsgruppen die Christen dazu auffordern, bei den kommenden Kommunalwahlen im Mai eigene Kandidaten aufzustellen. Bisher hatten diese Gruppen, die sich in schneller Folge seit Anfang der 80er Jahre gegründet hatten, hauptsächlich Briefe an Partei- und Staatschef Honecker, das Politbüro, den Parteitag der SED oder die Kirchenleitung geschrieben. Nun wendeten sie sich zum ersten Mal an die Öffentlichkeit..."

Da war sie zunächst wieder, die deutsche Art. Oben sollte die Einsicht wachsen. Aber dann kam der entscheidende Schritt. Man begann an der Macht der Herrschenden zu rütteln durch den Versuch einer alternativen Machtverteilung. Deshalb ist es aussichtslos, an die zu appellieren, die schon oben sitzen.

Eine Partei muss das Thema auf ihre Agenda setzen oder es muss um unser Thema von Einsichtigen eine Bewegung geformt werden, aus der heraus sich eine neue Partei bildet. Eigentlich gibt

---

[72] Lengsfeld, 1989 – Tagebuch der friedlichen Revolution, S. 16

es schon mehrere Parteien, die das hätten tun können. Schauen wir uns das Spektrum an:

Unsere Parteien

Bekannt sind die großen Fünf, die im Bundestag sitzen: CDU, CSU, SPD, Die Linke und Die Grünen. Die FDP war seit 1949 bis 2013 im Bundestag. Deshalb muss sie hier mit genannt werden. Warum scheint keine dieser sechs Parteien die auf den vorherigen Seiten dargelegten dringenden Probleme erkannt zu haben? Falls diese ihnen doch bekannt sind, warum sind keine wirkungsvollen Lösungen erarbeitet und umgesetzt worden?

Wohl wissend, dass es jetzt brisant werden kann, sollen einige Ursachen genannt werden.

Da sind zunächst die Drahtzieher und Meinungsmacher im Hintergrund, ausgerüstet mit unvorstellbaren finanziellen Möglichkeiten. Sie nehmen mit weltweit operierenden Organisationen Einfluss auf die Medien und Parteien mit dem Ziel, die „Bevölkerungsexplosion" zu bremsen. Exemplarisch sei die International Planned Parenthood Federation (IPPF) mit ihrem deutschen Ableger Pro-Familia genannt. Das sind unsere Gegner! Die muss man kennen!

Nach dem II. Weltkrieg arbeiteten in den Parteien zunächst noch viele mit, die aus innerer Überzeugung ein besseres Deutschland aufbauen wollten. Wenn Parteien so lange existieren wie die sechs oben genannten, dann sind in ihnen viele Menschen, die deshalb in der Partei sind, weil sie mit Hilfe der Partei etwas werden wollen. Diese Leute wissen reflexartig, wie sie zu dieser und jener Frage parteiisch Stellung beziehen müssen. Zum Nachdenken bleibt diesen Jetztzeitpolitikern keine Zeit und Verantwortung für die kommenden Generationen spüren sie nicht. Der Mut, Neues zu wagen, fehlt ihnen. Verunsicherung durch andere Ansichten können sie nicht brauchen. Es könnte der Karriere schaden.

Aber hier soll nicht behauptet werden, dass das auf alle Politiker zutrifft!

Um viele Mandate im Parlament zu erringen, müssen die Parteistrategen Programme entwerfen und Kandidaten präsentieren, denen möglichst viele Menschen zustimmen. Über die Hälfte der Wahlberechtigten hatte nie oder hat keine Kinder mehr zu versorgen. Tatsächlich zur Wahl gehen mehr ältere als junge Menschen. Die Tendenz nimmt zu. Die Alten haben Angst um ihre Altersversorgung. Folglich muss jede Partei alles vermeiden, was diese Ängste verstärken könnte.

Dabei denkt man nur bis zur nächsten Wahl. Deshalb rief Norbert Blüm einstmals: *„Eines ist sicher: Die Renten!"* Und Gerhard Schröder erweckte mit der „Riesterrente" den Eindruck, dass sie das Problem lösen könnte.

Selbst wenn die Schwierigkeiten schon greifbar sind, werden sie verschleiert. Da heißt es dann: Die Rente mit 63 muss eben mit Steuermitteln finanziert werden statt mit Beiträgen - als ob die Steuereinnahmen vom Himmel fielen. Die Gefälligkeitsdemokratie mit dem Ziel, die eigene Wiederwahl zu fördern, nimmt ihren Lauf und vergrößert die Staatsverschuldung auf Kosten künftiger Nachkommen, die zum Teil noch nicht einmal geboren sind und die agierenden Politiker nie gewählt hätten. Leider ist das der gravierendste Schwachpunkt aller demokratischen Systeme.

Das muss aber nicht immer so sein.

1964 benannte Georg Picht ein damals drängendes Problem mit dem Begriff „Bildungskatastrophe", weil die BRD nicht gerüstet war, um die starken Jahrgänge der jungen Generation für die neue Zeit angemessen auszubilden. Die Regierungen unter Kurt Georg

Kiesinger (CDU) von 1966 bis 1969 und Willy Brandt (SPD) von 1969 bis 1974 packten die Aufgabe an. Sie gründeten neue Universitäten und Fachhochschulen.

Dann gab es die Bedrohung durch Mittelstreckenraketen in der Sowjetunion. Helmut Schmidt, SPD-Mitglied, hat den NATO-Doppelbeschluss befürwortet, obwohl man ihn auf der Straße als Kriegstreiber beschimpft hat.

Dann wurde schon in der Zeit der Regierung Kohl deutlich, dass unser Sozialstaat, wie er inzwischen gewuchert war, nicht mehr finanzierbar ist. Wer hätte gedacht, dass ein Mann wie Gerhard Schröder, Sohn eines Arbeiters, langjähriges SPD-Mitglied, harte Kürzungen der staatlichen Sozialleistungen durchdrückt. Das hätte doch eher zur FDP gepasst. Für manchen Einzelnen mögen die Einschnitte hart gewesen sein, aber für Deutschland brachte die Agenda 2010 eine wirtschaftliche Belebung.

Eine noch bessere Möglichkeit, um zunächst unpopuläre aber doch notwendige Reformen einzuleiten, ist eine Koalitionsregierung aus den beiden größten Parteien. Leider ist gegenwärtig überhaupt nicht zu erkennen, dass die große Koalition Merkel/Gabriel in der oben skizzierten Richtung agiert.

Halt, das stimmt nicht ganz. Die Mütter, deren Kinder vor 1992 geboren wurden, erhalten einen zusätzlichen Rentenpunkt. Das geht in die richtige Richtung, hätte aber kompensiert werden müssen mit Kürzungen an anderer Stelle wie bei den hohen Pensionen und der Altersversorgung von Kinderlosen. Das Betreuungsgeld könnte man den Schritten in die richtige Richtung hinzuzählen, hätte man nicht zu dessen Finanzierung das Erziehungsgeld abgeschafft und die Dauer des als Ersatz gezahlten Elterngeldes auf ein Jahr gekürzt. Zusätzlich wurde die Zahlung von Kindergeld für noch in der Ausbildung befindliche

Jugendliche von maximal 27 Jahren auf 25 Jahre herabgesetzt.

Wenn wir auf die großen Parteien seit 40 Jahren umsonst gehofft haben, was ist dann mit den kleinen?

Immerhin haben Die Grünen, eine einstmals kleine, anfangs manchmal chaotische Partei, vorexerziert, wie man in den Bundestag kommt, indem man ein einziges Thema auf seine Fahne schreibt, das die damaligen Parteien nicht auf dem Schirm hatten - die Umwelt. Seither kann es sich keine Partei mehr leisten, sich nicht wenigstens als umweltbewusst darzustellen. Die Umwelt betreffend steht die Nachhaltigkeit hoch im Kurs; geht es aber um Nachhaltigkeit unserer Existenz als Deutsche, dann machen alle etablierten Parteien den Eindruck, als seien sie gelähmt.

Deshalb ist es dringlich, dass entweder eine kleine Partei das Problem der Demografiefalle zu ihrer Hauptagenda macht oder dass sich um das Problem eine Bewegung bildet, die sich in einer Partei organisiert.

Diese unser Schicksal bestimmende Aufgabe einer demografischen Trendumkehr liegt vor den Füßen aller Parteien. Wer greift sie auf? Hier ist ein Kernthema, das für eine junge Partei noch zum Alleinstellungsmerkmal taugt.

Die vor-parteilichen Organisationen, die sich für die Belange der Familien einsetzen, haben teilweise stattliche Mitgliederzahlen. Der Deutsche Familienverband gibt über 15.000 an. Wenn sich nur ein Teil der Mitglieder entschließen könnte, einer Partei beizutreten (und so ihre Kräfte zu bündeln), sie hätten auf diesem Weg einen wirkungsmächtigen Einfluss.

Der demografische Niedergang ist seit den 1970er Jahren zu erkennen, seit 1980 zu spüren und verursacht seit 1990 Schmerzen, die von Jahr zu Jahr zunehmen. Die verabreichten Medikamente wirken nicht, weil die Ärzte - unsere Politiker - die falsche

Diagnose stellen oder die richtige ignorieren. Die Krankheit heißt Volkssterben und die Hauptursache ist die Ausbeutung der Familien. Die muss beseitigt werden. Politiker, wer von euch traut sich an die Therapie?

10. Schlussbemerkung

Denjenigen, die mir „völkisches" Denken vorwerfen, weil ich ohne Einschränkung den Begriff Volk benutzte, sei gesagt, dass in unserem Grundgesetz steht, dass alle Staatsgewalt vom Volke ausgeht. Und bei der Montagsdemonstration in Leipzig stand 1989 auf den Plakaten nicht „Wir sind eine Gesellschaft" sondern *„Wir sind ein Volk"*. Dazu gehört für mich jeder deutsche Staatsbürger.

Einer meiner Englischlehrer, er stammte aus Wales, erklärte uns zur Demokratie in Großbritannien folgendes: Wenn die Misere im Staat ihrem Höhepunkt zustrebt, dann verlässt der gut informierte Landlord, der beste Kontakte in viele einflussreiche Kreise hat, seinen Landsitz und geht als Amateur in die Politik. Ich weiß nicht, ob das heute noch zutrifft.

Aber ich appelliere an die Menschen in unserem Land, die irgendwo ihren sicheren Platz gefunden und es eigentlich nicht nötig haben, in die Politik zu gehen, sich trotzdem zu engagieren, auch wenn das Politisieren eine sehr wenig geachtete Tätigkeit ist. So alternativlos wie in den letzten 40 Jahren darf es nicht weitergehen!

Einer Partei, die die hier skizzierten Ziele auf ihre Fahne schreibt, der wird es ergehen, wie Mahatma Gandhi sagte:

„Zuerst ignorieren sie dich,

dann wirst du verspottet,

danach bekämpft,

und am Ende gewinnst du."

Um das auf diese deutsche Partei umzuschreiben:

„Zuletzt werden sie mit euch verhandeln, weil sie Mehrheiten brauchen."

Nach so viel trockenen Zahlen und teils bedrückenden Analysen schließe ich mit den Worten eines jungen Ehepaares anlässlich der Geburt ihres ersten Kindes:

„Ein Kind macht wirklich das Haus glücklicher, die Liebe stärker, die Geduld größer, die Hände geschäftiger, die Nächte länger, die Tage kürzer und die Zukunft heller.

Literaturverzeichnis

Adrian, Hermann: Die ökonomischen Ursachen der niedrigen Fertilität in Deutschland und anderen Ländern, Online Publikation der Deutschen Gesellschaft für Demographie e.V. Nr. 1, 2013

Adrian, Hermann: Die totalen Externalitäten der Kindererziehung in Deutschland, Universität Mainz, 2007

Adrian, Hermann: Werden unsere Kinder und Enkel 2030 in Wohlstand leben? Universität Mainz, 2005

Benz, Tobias; Hagist, Christian und Raffelhüschen, Bernd: Ausgabenprojektion und Reformszenarien der Beamtenversorgung in Deutschland, Studie im Auftrag des Bundes der Steuerzahler e.V., November 2011

Bergmann, Christine, Vorsitzende des Teams der 14 Autoren der Studie: Zwischen Autonomie und Angewiesenheit – Familie als verlässliche Gemeinschaft stärken, herausgegeben von der Evangelischen Kirche in Deutschland

Birg, Herwig: Die alternde Republik und das Versagen der Politik. Eine demographische Prognose, Berlin u.a.: LIT Verlag 2014, 256 Seiten, ISBN 978-3-643-12827-0.

Birg, Herwig: Die ausgefallene Generation, Was die Demographie über unsere Zukunft sagt, München: C.H. Beck, 2. Auflage, 2006

Borchert, Jürgen: Die Sozialstaatsdämmerung, München: Riemann Verlag, 2013

Christmann, Clemens: Lug und Trug der Familienpolitik: Online veröffentlicht bei „Aktion Lebensrecht für Alle", 2001

Der Spiegel, Magazin, Hamburg

Deutsche Bundesbank, Frankfurt am Main, Monatsbericht August 2016

Fuchs, Stefan: Gesellschaft ohne Kinder, Wiesbaden: Springer VS, 2014

Grossmann, Karin und Klaus E.: Bindungen - das Gefüge psychischer Sicherheit, Stuttgart, Klett-Cotta, 6. Aufl. 2014

Harder, Franz: Etliche Grundsätze der Alterssicherung, Vorschläge zur Rentenreform: Selbstverlag, 1999

Herzog, Roman: Gesichertes Leben, Zeitschrift der LVA Baden, 4/1996

Kirchhof, Paul: Ehe und Familie im staatlichen und kirchlichen Steuerrecht; Essener Gespräche 21 (1986), Seite 14

Lengsfeld, Vera: 1989 – Tagebuch der friedlichen Revolution, Jena: TvR Medienverlag

Liminski, Jürgen: Die verratene Familie, Politik ohne Zukunft, Augsburg: Sankt Ulrich Verlag, 2007

Martin, Gertrud: Familienarbeit heute, 4/2013

Online-Plattform: de.statista.com

Resch, Johannes: Vom Generationenvertrag zum Generationenbetrug, Internet-Publikation

Schmidt, Renate: S.O.S. Familie. Ohne Kinder sehen wir alt aus.

Schreiber, Wilfrid: Existenzsicherheit in der industriellen Gesellschaft, Vorschlag zur Sozialreform 1955, originalgetreuer Nachdruck, Online Publikation, 2004

Sinn, Hans-Werner: Verspielt nicht eure Zukunft! München: Redline Verlag, 2013

Statistisches Bundesamt

Straubhaar, Thomas: Der Untergang ist abgesagt: Körber-Stiftung Hamburg, 2016

Swoboda, Jörg, Lehman, Theo: Starke Wurzeln, gute Früchte, Kassel: Oncken Verlag, 1988

Werding, Martin und Hofmann, Herbert: Die fiskalische Bilanz eines Kindes im deutschen Steuer- und Sozialsystem, Studie im Auftrag der Robert Bosch Stiftung, ifo Institut für Wirtschaftsforschung an der Universität München, 2005

Werding, Martin: Familien in der gesetzlichen Rentenversicherung: Das Umlageverfahren auf dem Prüfstand: Bertelsmann Stiftung, 2014

Werding, Martin: Kinderrente und Vorsorgepflicht – Der ifo-Vorschlag zur Lösung der demographischen Krise des Rentensystems. CESifo PDF

Woldag, Roland: blogpost/Freie Welt 19.02.2011

Zeitler, Wolfgang: Handbuch des Verfassungsrechts der Bundesrepublik Deutschland, 1983

Danksagung

Zuerst danke ich meiner Frau Margarete, die das Thema seit vielen Jahren mit mir durchdacht hat und die es mit großer Geduld ertrug, wenn ich immer wieder an meinem Projekt arbeitete. Mein Schwiegervater Friedrich Glatzle lenkte unsere Aufmerksamkeit schon vor Jahrzehnten auf das Problem der Interaktion von Sozialstaat und Demografie. An seinem 90. Geburtstag sagte sein jüngster Sohn diesbezüglich: „Vater war seiner Zeit weit voraus." Mein Schwager, Dr. Albrecht Glatzle, war mir immer ein kompetenter Gesprächspartner und half mit Korrekturen. Ich danke auch unserem Sohn Ludwig, der immer da war, wenn ich mit dem Computer zu kämpfen hatte. Frau Stephanie Schlindwein gab mir entscheidende Tipps das ganze Konzept betreffend. Ohne die Korrekturen von Wolfgang M. Schmitt und Johannes Strehle wäre ich wohl nie zum Abschluss gekommen. Herrn Schmitt verdanke ich auch die Grafik auf dem Buchtitel.

Otto Lothar Nickel, Obrigheim/Pfalz